Amlung/Jungbluth
Seminarwerkstatt Offener Unterricht

Ullrich Amlung
Uli Jungbluth

Seminarwerkstatt Offener Unterricht –

am Beispiel Adolf Reichweins lernen

Studientexte
für das Lehramt
Band 3

herausgegeben von
Eiko Jürgens

Luchterhand

Die Deutsche Bibliothek – CIP-Einheitsaufnahme

Amlung, Ullrich; Jungbluth Uli:
Seminarwerkstatt Offener Unterricht: Am Beispiel Adolf Reichweins lernen
Ullrich Amlung; Uli Jungbluth. – Neuwied; Kriftel: Luchterhand 2000
(Studientexte für das Lehramt; Bd. 3)
ISBN 3-472-03977-9

www.luchterhand.de

Umschlag: Ute Weber GrafikDesign, Geretsried
Satz: LHF Satzstudio GmbH, Düsseldorf
Papier: Permaplan von Arjo Wiggins Spezialpapiere, Ettlingen.
Druck: Neuwieder Verlagsgesellschaft mbH, Neuwied
Printed in Germany, Mai 2000

♾ Gedruckt auf säurefreiem, alterungsbeständigem und chlorfreiem Papier.

Inhalt

Vorwort des Herausgebers

Wie modern und von welch prägnanter Aktualität reformpädagogisches Gedankengut für die heutige Schule und deren Unterricht richtungweisend sein kann, belegt mit überzeugender Nachdrücklichkeit diese Publikation, die sich mit der Pädagogik Adolf Reichweins und deren praktisch gewordenen Konsequenzen auseinandersetzt. Fraglos lässt die gleichermaßen begeisterte wie begeisternde Anknüpfung an einen der großen Pädagogen der Reformpädagogischen Bewegung erahnen und sogleich nachempfinden, welche Kraft von den Ideen dieser Zeit ausgegangen sein muss, wenn diese noch heute für die aktuelle Diskussion um Qualitätssicherung und Qualitätsverbesserung der Schule eine derartige tiefgreifend-fundamentale Bedeutung haben.

Nicht zu Unrecht wird die gesamte Reformpädagogische Bewegung, die ihren Höhepunkt in den ersten drei Jahrzehnten des gerade beendeten Jahrhunderts hatte, als eine der wichtigsten und nachhaltigsten Schulreformbemühungen der nahen Vergangenheit bezeichnet. Wenn sie sich zu ihrer Zeit auch nicht auf breiter Front durchzusetzen vermochte, so blieben dennoch ihre Grundgedanken zu Fragen der Erziehung und der Bildung bzw. Bildsamkeit des Schülers ebenso bis in die derzeitige Gegenwart virulent wie die Konzeptionen und Erkenntnisse ihres praktischen Wirkens.

Mit der Seminarwerkstatt Offener Unterricht wird sowohl historisch und theoretisch als auch vor allem anhand einer Reihe gelungener Praxisbeispiele gezeigt, wie einerseits Reformpädagogik aus ihrer Zeit und den damaligen Bedingungen zu verstehen ist und wie andererseits das grundlegend Erkannte auf unsere heutige Schul- und Unterrichtswirklichkeit neu interpretiert übertragen werden kann. Auf diese Weise gelingt es, das Beachtenswerte und als gültig durch spätere wissenschaftliche Erkenntnisse Bestätigte für eine Bewegung zu verwenden, die im bundesrepublikanischen Schulwesen ständig mehr Boden unter die Füße bekommt und die in Zukunft die Unterrichtsentwicklung in einem sehr viel größeren Maße als bisher positiv beeinflussen wird.

Diese Bewegung Offener Unterricht mit ihrem auf Eigenverantwortlichkeit, Selbsterfahrung und Problemlösung gründenden Lernprinzip passt hervorragend in die gegenwärtige Debatte um die Vermittlung von Schlüsselqualifikationen. Denn die Werkstattberichte belegen überzeugend, wie die beteiligten Schülerinnen und Schüler Lernkompetenz aufbauen konnten, indem sie eigenständig lernten, eigene Lernprozesse reflektierten, eigene Lerntechniken und Lernstrategien entwickelten und erprobten, im Team arbeiteten und kreativ handelten.

Bielefeld, im April 2000 *Eiko Jürgens*

Einleitung

Reformpädagogische Impulse – Adolf Reichwein – Schule 2000plus

Ullrich Amlung/Uli Jungbluth

Reformpädagogische Impulse

Pädagogische Reform ist keine einseitig abhängige Variable politischer Entscheidungen: Bildungspolitik ist zwar ein wichtiges Vehikel, pädagogische Erfahrungen und Erkenntnisse in breiter Wirksamkeit praktisch umzusetzen, doch Bildungsreform kann nicht einfach von oben nach unten gemacht werden. In Ministerien, Bildungskommissionen, Lehrplangremien o. ä. können Rahmenbedingungen gesetzt und generelle Orientierungen entwickelt werden. »Der entscheidende Ort jedoch, an dem Bildungsreform konkret erfolgt oder aber misslingt, ist die Schule bzw. sind Gruppen von Schulen, und die entscheidenden Personen sind Lehrerkollegien, Schüler und Eltern.«[1] Reform ist integraler Bestandteil von Bildung und Bildungspolitik, soweit sie »die Ziele der Sicherung und Weiterentwicklung der menschlichen Angelegenheiten« ernst nehmen.[2]

Reformpädagogik ist nach diesem Verständnis keine abgeschlossene historische Epoche, sondern ein »unabgeschlossenes Kontinuum«[3], ein permanentes Prinzip[4], das in verschiedenen Reformpädagogiken zum Recht kommen will.

Die Reformpädagogiken lassen sich in klassische (oder auch historische) und neue Reformpädagogiken untergliedern.[5] Ihnen allen immanent ist die Kritik am vorgefundenen Status quo, in ihnen wird Gesellschafts- und Kulturkritik, vor allem aber Schulkritik, die Kritik am bestehenden (öffentlichen) Schulwesen, zum Ausdruck gebracht. Reform- und Alternativkonzepte wurden und werden stets da thematisiert, »wo gesellschaftliche oder aber individuelle Bedürfnisse durch die Regelschule nicht ausreichend befriedigt wurden«.[6] Schule, zumal in einer lebendigen Gesellschaftsform wie der Demokratie, ist auf »ständige Reform«, auf »Innovation« angewiesen, »die unverbrüchlich dem leitenden Gesichtspunkt verpflichtet bleibt, den einzelnen zu individuellem und gesellschaftlichem Leben zu befähigen, allen Schülerinnen und Schülern zu mehr Chancengerechtigkeit, mehr Bildung und mehr Humanität zu verhelfen«.[7] Wichtige und kritische Impulse für den notwendigen Innovationsprozess könnte das öffentliche Regelschulwesen vor allem durch die häufig in freier Trägerschaft befindlichen Reform- und Alternativschulen empfangen. *Andreas Pehnke* sieht in der »Haltung zur historischen oder zeitgenössischen Reformpädagogik« sogar einen »Prüfstein für den vorhandenen Grad an Demokratie« in unserer Gesellschaft: »Ein Maßstab für das demokratische Fundament einer Gesellschaft und ihrer Bildungspolitik sowie Pädagogik scheint mir darin zu bestehen, bis zu welchem Grade sie es sich leisten kann und will, Reform- und Alternativschulen aktiv zu fördern und nicht nur zu dulden.«[8]

Als klassische, in den ersten drei Jahrzehnten des 20. Jahrhunderts entstandene Reformpädagogiken haben sich heute vor allem die Landerziehungsheim-, die Montessori-, Waldorf-, Freinet- und die Jenaplan-Pädagogik durchgesetzt. In ihnen sind die Grundgedanken der historischen Reformpädagogik aufgenommen, wie kindzentrierter Unterricht, aktives und vielgestaltiges Schulleben, ganzheitliche Erziehung, Schule als sozialer und kultureller Lebensraum und Lebensgemeinschaft, lebendiges, selbsttätiges und lebensweltbezogenes Lernen, Gesamt-, Epochen- und Projektunterricht, Freiarbeit und Wochenarbeitsplan etc.[9] In der seit Mitte der 70er Jahre in der alten BRD einsetzenden, im wesentlichen ahistorisch angelegten Rückbesinnung auf die (vor allem methodischen) Grundelemente der historischen Reformpädagogik haben sich inzwischen neben den klassischen sog. neue Reformpädagogiken ausgebildet.

Dazu zählen u. a. Offener Unterricht, Community Education, Alternativschulpädagogik und Reggiopädagogik. Kennzeichen Offenen Unterrichts – genauer der Informal Education als englisches Ausgangskonzept – sind vor allem entdeckendes Lernen anhand schülereigener Fragen, fächerübergreifender und das Stunden-Raster aufhebender Unterricht (integrated day), Schulraum als offene Lernlandschaft und Elternarbeit im paired reading.

Grundzüge der Community Education sind vor allem die Verknüpfung von Gemeinde bzw. Stadtteil und Schule, Pflege der Multikulturalität, die Verbindung von Kinder- und Erwachsenenbildung sowie der Transfer außerschulischer Lernangebote in die Schule.

Charakteristika der Alternativschulpädagogik sind vor allem antiautoritäre Grundstrukturen, Selbstregulierung, Unterricht in Ange-

botsform, Autonomie durch Selbstverwaltung und gegen Behörden
erkämpfte Existenz.

Bezugspunkte der Reggiopädagogik sind vor allem die Betonung der
Wahrnehmungs- und Ausdrucksförderung, die produktive Einbindung von Künstlern, die ständige Selbstfortbildung im Team und die
Leitung der Schule nicht durch eine Einzelperson, sondern durch einen Leitungsrat (vivere insieme), der durch Pädagogen, Eltern und
Bürger des Stadtteils zusammengesetzt ist.[10]
Zwischen den klassischen und neuen Reformpädagogiken liegen die
schmerzlichen Erfahrungen von Nationalsozialismus, von Auschwitz
und Hiroshima sowie die Verdrängung und Bearbeitung dieser Erfahrungen. Adornos Forderung, »dass Auschwitz nicht noch einmal
sei«, macht diese Erfahrungen zum neuen Maßstab pädagogischen
Handelns: »Jede Debatte über Erziehungsideale ist nichtig und
gleichgültig diesem einen gegenüber, dass Auschwitz sich nicht
wiederhole.«[11]

Eine weitere kollektive Erfahrung ist hinzugekommen: Mit dem
Erkenntnisschock von Tschernobyl 1986 wurde schlagartig bewusst,
dass die entscheidenden Zerstörungskräfte nicht mehr mit den eigenen Sinnen wahrnehmbar sind. Geruch- und geschmackloser war
bisher kein Gift gewesen. Die eigenen fünf Sinne, bis dahin Garan-
ten der Erkenntnis, wurden zur Falle. Der Mensch als unmittelbar
sinnliches Wesen verabschiedet sich. Was nützt die Kultivierung der
fünf Sinne angesichts nichtwahrnehmbarer Gifte, wenn man nicht
zugleich die Wiederherstellung einer Welt einfordert, in der man
den eigenen Sinnen wieder trauen kann? Wer kann erkennen, ob die
virtuellen Welten auf dem Bildschirm wahr sind oder falsch, ob sie
ehrlich sind oder lügen? Und die Mediatisierung von Arbeits- und
Lebenswelten durch Fernsehen, Computer und Internet nimmt rapi-
de zu. Wir sind auf dem Sprung in die multimediale Zukunft, in eine
Informationsgesellschaft, in der das Surfen in globalen Datennetzen
notwendig zum Lebensprogramm gehören wird. Wie reagieren wir
auf diese Tatsachen, welche die Erfahrungsräume der Heranwachsenden einerseits fiktiv enorm erweitern und andererseits real radi-
kal einengen?[12]

Adolf Reichwein (1898-1944)

Von armen Bauern des Westerwaldes abstammend und in einem kleinen Dorf in der hessischen Wetterau als Sohn eines Volksschullehrers aufgewachsen, gehört die aktive Zugehörigkeit Reichweins zur Jugendbewegung vor dem Ersten Weltkrieg wohl zu den wichtigsten Sozialisationserfahrungen des Heranwachsenden. Das erste entscheidend prägende, mithin kategoriale Ereignis war für Reichwein die Fronterfahrung im Krieg. Vor Cambrai 1917 schwer verwundet, erlebte der Kriegsfreiwillige die Materialschlachten des Ersten Weltkrieges mit den bereits hochtechnisierten Waffensystemen als Kulturschock.»Er hinterließ bei Reichwein die Überzeugung, dass seine Generation mit dieser Lebenserfahrung verpflichtet sei, den destruktiven Tendenzen in der modernen Industriegesellschaft entgegenzuwirken und sich für eine demokratische Entwicklung der politischen Verhältnisse einzusetzen.«[13]

Als Volkshochschulleiter arbeitete er in Thüringen (1923-1929), als Bildungspolitiker unter dem preußischen Kultusminister C. H. Becker (1929/30) und als Professor für Geschichte und Politik in der Lehrerbildung an der Pädagogischen Akademie in Halle/Saale (1930-1933). Reichwein, der auch ein Experte für ökonomische Fragen war, entwickelte in der Zeit der Weimarer Republik in Anlehnung an den englischen Gildensozialismus und die Ideen des religiösen Sozialismus um Paul Tillich, Eduard Heimann und Carl Mennicke Modelle gemeinsamen Lebens, Arbeitens und Lernens, die der jungen Generation aus unterschiedlichen sozialen und kulturellen Milieus Chancen boten, Perspektiven für eine Humanisierung der modernen Industriegesellschaft im Reflexionshorizont zunehmender Globalisierung und Technisierung des Lebens, die die soziale und natürliche Umwelt immer stärker zu verändern begannen, zu erörtern.

Alarmiert durch den sensationellen Erfolg der NSDAP bei den Septemberwahlen 1930, entschied sich Reichwein für den Eintritt in die SPD. Sein Verständnis von Sozialismus grenzte er gegen den Nationalsozialismus in einem Brief an seinen Freund, den Romanisten Ernst Robert Curtius, folgendermaßen ab:»Verteidigt werden muss die Person heute aber mit allen Mitteln gegen den neuen, lebensgefährlichen Kollektivismus der Blutjünger, für die Blutverehrung und Blutvergießen gleichermaßen Ersatz für Geist und Religion ist.«[14]

Im April 1933 wurde Reichwein durch die Nazis aus seinem Professorenamt entlassen und noch im Oktober d. J. auf eigenen Wunsch in das Amt eines einfachen Volksschullehrers in Tiefensee in der Mark Brandenburg versetzt. Auch jetzt unter den schwierigen und mit den Jahren immer bedrückender werdenden Bedingungen der NS-Diktatur blieb Reichwein seinen humanen Überzeugungen treu, und er war auch nicht bereit, die ihm anvertrauten Kinder einer Ideologie der Unmenschlichkeit auszuliefern – im Gegenteil: Er machte sich mit seiner pädagogischen Arbeit zum Anwalt der Kinder und ihrer Rechte, und damit war seine Pädagogik zugleich auch wieder Politik. Das Ethos einer Pädagogik, die zur Selbstbestimmung des Menschen hinführen will, wurde von ihm nicht preisgegeben.

Reichwein stellte die Unterrichtspraxis seiner einklassigen Landschule ganz bewusst in die Tradition der internationalen reformpädagogischen Bewegung, er griff Anregungen der Landerziehungsheim- und Arbeitsschulbewegung, insbesondere des Projektansatzes auf, die er wiederum mit Reformelementen aus der Kunsterziehung und der Erlebnispädagogik geschickt zu verbinden wusste, und konstituierte so das »Schulmodell Tiefensee« mit seinem unverwechselbaren pädagogischen Profil. Es ist das Modell einer lebendigen und humanen Schule, in der ein faszinierendes Konzept praktischen und sozialen Lernens erprobt und verwirklicht wurde.

Es gibt wohl keine bessere zusammenfassende Beschreibung des Tiefenseer Schulalltags als jene von Reichweins Freund *Hans Bohnenkamp:* »Ich kenne keine Stelle, welche die Gedanken der deutschen pädagogischen Bewegung inniger befolgt und schöner bestätigt hätte als Tiefensee. Im Sommer war der Garten mit seinen selbstgezimmerten Tischen und Bänken, aber auch mit seinen Beeten und Bäumen, und waren weiter Feld, Wald und Seeufer wichtiger als die Schulstube. Wenn man aber winters in die Klasse kam, fand man sich wie in einer Familienwerkstatt: es roch nach Leim und Spänen; Materialien und entstehende Gebilde – Brauchgut und Modelle – lagen auf Tisch und Bord, Zeichnungen und Bilder bedeckten die Wände. Von kleinen und großen Händen wurde gefalzt und geklebt, geknetet und gemalt, geschnitzt und gehobelt, gehämmert und gelötet, geschnitten und gewebt mit Fröhlichkeit und Rücksicht auf den Nebenmann. In einer Ecke stand eine Gruppe in Betrachtung oder Besprechung vertieft, während eines der großen Mädchen mit den Kleinsten rechnete und schrieb. Adolf war überall zugleich, beantwortete Fragen, griff helfend zu, gab stumme Winke, sammelte hie und da die ganze Schar zu einem besinnlichen Gespräch und sorgte, dass die Stücke eines vielgliedrigen, elastischen Zeitplanes ohne Lücke ineinandergriffen. Wenn er mittags die Kinder entlassen hatte, begannen für ihn Kontrolle und Rechenschaft, Probieren und Planen. Nachmittags kamen immer Kinder, um weiter zu basteln, Stücke zu üben, den nächsten Morgen vorzubereiten, und abends saß Adolf bis spät in die Nacht über Büchern und Heften, Zeichnungen und Tabellen oder Schraubstock und Feile. [...] Freunde von Adolf kamen nach Tiefensee zu Besuch und wurden zu den Kindern in die Arbeit gespannt, Handwerker halfen bauen und zimmern, und der Förster im Dorf, einmal nach seinem Urteil über Reichweins Wirken gefragt, gab zur Antwort: ›Der Professor? Wissen Sie – der hat unsere Kinder frei gemacht‹.«[15]

Im Mai 1939 wechselte Reichwein nach Berlin, um die Abteilung »Schule und Museum« am Museum für Deutsche Volkskunde zu übernehmen, aber auch, um sich dem aktiven Widerstand gegen das NS-Regime anzuschließen. Er hatte erkannt, dass der »pädagogische Widerstand«[16], den er in Tiefensee leistete, nicht ausreichte, um dem NS-Regime wirklich effektiv begegnen zu können. Durch einen Spitzel verraten und von der Gestapo verhaftet, wurde Adolf Reichwein als führendes Mitglied des »Kreisauer Kreises« am 20. Oktober 1944 im Alter von nur 46 Jahren in Berlin-Plötzensee hingerichtet. Er galt als Kultusministerkandidat der Widerstandsbewegung »20. Juli 1944«.[17]

Schule 2000plus: Offener Unterricht am Beispiel Adolf Reichweins

Anders als die Schulkonzepte etwa von Paul Geheeb und Kurt Hahn (Landerziehungsheime), Maria Montessori, Rudolf Steiner (Waldorfschulen), Célestin Freinet und Peter Petersen (Jenaplanschulen), die in den vergangenen Jahrzehnten »schulpraktisch gepflegt und dadurch in der Auseinandersetzung mit den sich wandelnden Bedingungen ›unserer Welt‹ fortlaufend aktualisiert«[18] worden sind, ist Reichweins schulpädagogisches Modell im erziehungswissenschaftlichen und pädagogischen Diskurs der letzten Jahrzehnte eher vernachlässigt worden. An dieser Feststellung ändert auch nichts die Tatsache, dass in Deutschland immerhin 30 Schulen seinen Namen tragen. Das Patronat – in den meisten Fällen doch mehr oder weniger zufällig zustande gekommen – hat allerdings nicht dazu geführt, dass auch nur eine dieser Schulen sich bei der Ausbildung ihres pädagogischen Profils erkennbar von Reichweins Ideen hätte inspirieren lassen.

Dieses Faktum ist umso erstaunlicher, als bei Reichwein »eine spezifische Rezeptionsschwierigkeit der deutschen reformpädagogischen Tradition« wegfällt: »Ihre oft unkritischen Gesellschaftsvorstellungen, die das unreflektierte Hinübergleiten in die NS-Herrschaft begünstigten. Schwer zu begreifen ist, dass ausgerechnet Reichwein, der das Verhältnis von pädagogischer und politischer Verantwortung unter Hitler sehr genau durchdachte und bereit war, daraus persönliche Konsequenzen zu ziehen, seine Auffassungen den späteren Generationen nicht vermitteln konnte.«[19]

Hinzu kommt, dass Reichwein selbst zu den Reformpädagogen der »dritten Generation« gehört, also bereits als Teenager, etwa durch seine Aktivitäten im Rahmen der Jugendbewegung, von reformpädagogischen Ideen geprägt worden ist und sich als Erwachsener auf den unterschiedlichen Stufen seines pädagogischen Wirkens mit den praktischen Ergebnissen der reformpädagogischen Bewegung seiner Zeit kritisch auseinandersetzen konnte.[20] Sein »Schulmodell Tiefensee« stammt aus der Spätphase der Reformpädagogik und hat als ausgereiftes Konzept von Schulpädagogik die Erfahrungen vorhergehender schulpädagogischer Versuche konstruktiv verarbeitet.

Bei der Rezeption der pädagogischen Grundgedanken Reichweins sollte es weniger um Kopierversuche gehen – dafür haben sich die individuellen Lebens- und die gesellschaftlichen Rahmenbedingungen in den letzten 60 Jahren zu stark verändert –, auch sollte Reichweins »Schulmodell Tiefensee« nicht zur »Requisitenkiste aus der Geschichte, aus der beliebig Anregungen zur Ausgestaltung des pädagogischen Alltags entnommen werden können«[21], degenerieren. Vielmehr sollte es darum gehen, »dass wir«, wie *Klafki* 1993 schreibt, »konstitutive Prinzipien der Reichweinschen Schulkonzeption mit heutigen Bemühungen um innere und äußere Schulreform und damit um eine Re-Aktualisierung und Fortbildung reformpädagogischer Traditionen interpretierend ins Gespräch bringen«, um dadurch die »Bedeutsamkeit der Pädagogik Reichweins für die Entwicklung einer demokratischen und humanen Schule unserer Zeit« zu erweisen.[22] In dieser Spur argumentieren in den letzten Jahren zunehmend weitere renommierte Erziehungswissenschaftler wie *Karl Christoph Lingelbach, Jürgen Wiechmann, Hans Christoph Berg* und *Will Lütgert* sowie Bildungspolitiker, etwa *Hartmut Holzapfel* oder *Dieter Wunder,* die auf die Leitbildfunktion der Pädagogik Reichweins für zukunftsorientierte Schulentwicklung bzw. auf ihren Orientierungswert für künftige Bildungspolitik hinweisen.[23] Gerade was die aktuellen bildungspolitischen Forderungen nach Profilbildung und Öffnung der Schule, was handlungsorientierten und fächerübergreifenden Unterricht und ganzheitliche Erziehung betrifft, hat Reichwein in der Weimarer Republik und in der NS-Zeit reichhaltige Erfahrungen gesammelt, die auch für die Schulpädagogik nach der Jahrtausendwende bedeutsam sind.

Dass *Jürgen Wiechmanns* Wunsch zu Reichweins 101. Geburtstag im Jahre 1999,»dass seine Vorstellung einer Schule als kooperierende Gemeinschaft, die reale Probleme ihrer Lebenswelt aktiv bearbeitet, in der Praxis der heutigen Schule kultiviert wird«[24], kein frommer Wunsch geblieben ist, sondern in der pädagogischen Praxis bereits produktiven Widerhall gefunden hat, soll in den folgenden Artikeln aufgezeigt werden:

Die im 2. Kapitel zusammengestellten Beiträge, Werkstattberichte von Mitarbeiterinnen und Mitarbeitern des Adolf-Reichwein-Studienseminars in Westerburg im Westerwald, sollen Perspektiven für die pädagogische Arbeit im Offenen Unterricht aufzeigen, die sich am Beispiel Adolf Reichweins orientieren. Sie werden eingeleitet von zwei programmatischen Aufsätzen, zum einen zur Entwicklung des Adolf-Reichwein-Studienseminars in Westerburg (Ulrich Krämer) und zum anderen zum Werkstatt-Lernen an Studienseminaren allgemein (Karin Patt-Wüst). Eingerahmt werden diese aktuellen Praxisbeispiele durch ein grundlegendes Kapitel, in dem die schulpädagogischen Grundgedanken Adolf Reichweins, seine Leitlinien für die Unterrichtspraxis im historischen Kontext vorgestellt werden (Ullrich Amlung), und durch einen abschließenden Beitrag (3. Kapitel), einem Interview mit Wolfgang Klafki, in dem aktuelle Fragen und Probleme der inneren und äußeren Schulreform erörtert werden. Im Anhang werden erstmals alle 30 Adolf-Reichwein-Schulen in Deutschland unter Angabe von Schulform und Adresse aufgelistet sowie die Literatur zu den einzelnen Beiträgen in diesem Band und der aktuelle Stand der literarischen und filmischen Reichwein-Diskussion in einem Literaturverzeichnis bzw. einer Auswahlbibliographie dokumentiert.

Anmerkungen

1 *Klafki* 1993, S. 29
2 Vgl. *Röhrs* 1998, S. 40
3 *Koerrenz* 1995, S. 211
4 Vgl. *Benner* 1998, S. 15-17; *Winkel* 1997, S. 8

5 Vgl. *Göhlich* 1998, S. 85-105
6 *Pehnke* 1998, S. 333
7 *Jürgens* 1998, S. 96
8 *Pehnke* 1996, S. 33
9 Vgl. *Haubfleisch* 1994, S. 257f.
10 Vgl. *Göhlich* 1997 und 1998, S. 89f.
11 *Adorno* 1971, S. 92
12 Vgl. *Göhlich* 1998, S. 96
13 *Lingelbach* 1998, S. 542; vgl. auch *Steinbach* 1998, S. 10f.
14 *Schulz* 1974, S. 116
15 *Bohnenkamp* 1949, S. 16f.
16 *Hohendorf* 1994, S. 290
17 Zur Biografie *Reichweins* vgl. *Amlung* 1999a und 1999b
18 *Wiechmann* 1998, S. 408
19 *Lingelbach* 1996, S. 138
20 Vgl. *Wiechmann* 1998, S. 401
21 *Meyer* 1988, S. 20
22 *Klafki* 1993, S. 7
23 Vgl. *Berg* 1993, *Lingelbach* 1998, *Wiechmann* 1998, *Lütgert* 1999, *Holzapfel* 1999 und *Wunder* 1999
24 *Wiechmann* 1998, S. 411

1. Historisierung

»Was die Hand geschaffen hat, begreift der Kopf um so leichter« –

Adolf Reichweins reformpädagogisches »Schulmodell Tiefensee«

Ullrich Amlung

Ende 1937 legt Adolf Reichwein sein schulpädagogisches Hauptwerk ›Schaffendes Schulvolk‹ im Kohlhammer Verlag in Stuttgart vor. Auf den knapp 200 Seiten seines Buches fasst der 39-jährige Landlehrer die Erfahrungen und Reflexionen seiner mehrjährigen Unterrichtsarbeit mit den etwa vierzig sechs- bis 14-jährigen Kindern an der einklassigen Dorfschule in Tiefensee in der Mark Brandenburg 40 km nordöstlich von Berlin zusammen. Nur wenige Monate später, im Frühjahr 1938, veröffentlicht Reichwein als Heft 10 der Schriftenreihe der Reichsstelle für den Unterrichtsfilm (RfdU), mit der er eng zusammenarbeitete, ebenfalls bei Kohlhammer – dem Haus-Verlag der RfdU – einen zweiten Praxisbericht mit methodischen und didaktischen Reflexionen unter dem Titel ›Film in der Landschule‹, eine Pionierarbeit auf dem bis dahin noch jungen Gebiet der Medienpädagogik.

Reichwein hat in seinen beiden Schulbüchern[1] die Eigenart der Landschule didaktisch und methodisch ausgewertet, aber keine geschlossene Erziehungs- und Unterrichtstheorie hinterlassen. Vielmehr versteht er sie als »bündige Berichte« über das »in Wirklichkeit breitlagernde Gebäude« eines beweglich zusammengesetzten »Unterrichtsgefüges«. Er will »bestimmte Wege des erziehenden Unterrichts« (S. 127) vorstellen, »in Bildern, an Beispielen und exemplarischen Fällen deutlich machen, was gemeint ist und welche methodischen Möglichkeiten offenstehen« (S. 58).

Mit ›Schaffendes Schulvolk‹ und ›Film in der Landschule‹ wendet sich der ehemalige Lehrerbildner Reichwein, der als SPD-Mitglied im April 1933 von den Nationalsozialisten aus seinem Professorenamt in Halle/Saale entlassen und auf eigenen Antrag im Herbst 1933 an die kleine Landschule im märkischen Tiefensee versetzt worden war, in erster Linie an den »Kreis der Erzieher« überall im Lande; er will »Mut und Lust machen zur ländlichen Erziehungsarbeit«, wie er im Vorwort zu ›Schaffendes Schulvolk‹ schreibt.

Reichweins Tiefenseer Schulschriften ermöglichen nicht nur einen tiefgreifenden Einblick in die reformpädagogische Bewegung im ersten Drittel des 20. Jahrhunderts aus damaliger Perspektive, sie stellen nicht nur einen eigenständigen Beitrag zur Reformpädagogik dar, sondern in ihnen entwickelt der oppositionelle Lehrer Reichwein mit der Entfaltung eines reich differenzierten, erfahrungs- und handlungsbetonten Unterrichts und eines vielgestaltigen Schullebens zugleich ein faszinierendes pädagogisches Gegenkonzept zum NS-›Erziehungssystem‹, das konstitutive Elemente enthält, die auch für die heutige Schulpädagogik in Theorie und Praxis nach wie vor bedeutsam sind.[2]

1.1 Die Erzieherpersönlichkeit Adolf Reichwein

Reichwein brachte in seine Schularbeit in der ›pädagogischen Provinz‹ von Tiefensee ein für einen normalen Volksschullehrer ganz ungewöhnliches Maß an persönlichen Lebens- und Berufserfahrungen ein: Impulse aus der Jugendbewegung, Erfahrungen aus langjähriger Reformpraxis in der Volkshochschul- und Arbeiterbildung in Thüringen (1923-29)[3], seine Qualifizierung als Sozial- und Wirtschaftswissenschaftler, seinen auf großen Forschungsreisen um den halben Globus gewonnenen weltweiten Horizont, sein bildungspolitisches Engagement als persönlicher Referent des preußischen Kultusministers Carl Heinrich Becker (1929/30) und vor allem seine intensive Tätigkeit als Lehrerbildner an der Pädagogischen Akademie in Halle/Saale (1930-33), einer jener seit 1926 gegründeten neuen Einrichtungen für eine hochschulmäßige, reformpädagogisch orientierte Bildung zukünftiger Volksschullehrer in Preußen.

Schon seit den frühen 20er Jahren hatte Reichwein in Zeitschriftenartikeln und Buchrezensionen die Entwicklung der Schulreformbewegung in Deutschland, u.a. der Hamburger Lebensgemeinschaftsschulen, und im benachbarten Ausland mit großer Aufmerksamkeit verfolgt und immer wieder die konsequente Umsetzung reformpädagogischer Ansätze, wie sie insbesondere von der Kunsterziehungs-, Arbeitsschul- und Gesamtunterrichtsbewegung erarbeitet wurden, im Bereich der öffentlichen Schulen gefordert. Während seiner Tätigkeit als Leiter der Volkshochschule Jena (1925-1929) hatte er mit der ›Erziehungswissenschaftlichen Anstalt‹ der Universität Jena in Verbindung gestanden und Peter Petersens ›Jena-Plan‹-Schule aus nächster Nähe kennengelernt.[4] In diese Zeit fällt auch seine Be-

kanntschaft mit Otto Haase, der ihn mit der Unterrichtsform des
›Vorhabens‹[5] vertraut gemacht hat. Möglicherweise war Reichwein
bereits auf seiner Amerikareise 1926/27 auf die ›Projektmethode‹,
wie sie John Dewey (1859-1952) – unter Mitarbeit von William Heard
Kilpatrick (1871-1965) – an seiner Universitätsversuchsschule in Chi-
cago entwickelt hatte[6], aufmerksam geworden. Enge persönliche
Kontakte bestanden zudem zu Vertretern der ›Entschiedenen
Schulreformer‹ und zur Waldorfschulbewegung. In seinen Lehrver-
anstaltungen an der Pädagogischen Akademie in Halle hat sich
Reichwein dann intensiv mit den Grundpositionen der ›Geisteswissenschaftlichen Pädagogik‹ auseinandergesetzt, angeregt und geför-
dert sicherlich durch seine Hallenser Dozentenkollegen Elisabeth
Blochmann und Georg Geißler[7], beide Schüler von Herman Nohl.

Alle diese, in den unterschiedlichsten »pädagogischen Brennpunk-
ten«[8] und in der Auseinandersetzung mit den Positionen namhafter
Vertreter der internationalen reformpädagogischen Bewegung gewonnenen Erfahrungen überträgt Reichwein in seine Arbeit als
Landschullehrer und verdichtet sie zum ›Schulmodell Tiefensee‹ mit
seinem unverwechselbaren pädagogischen Profil. In den fünfeinhalb
Jahren als Dorfschullehrer in Tiefensee schuf er – trotz strenger
Überwachung seitens der Schulbehörden und mehrfacher Versuche
»nationalsozialistischer Eltern«, ihn beim zuständigen Regierungs-
präsidenten in Potsdam zu denunzieren – das Modell einer humanen
und lebendigen Schule, in dessen Rahmen er ein schlüssiges Konzept praktischen und sozialen Lernens mit »Kopf, Herz und Hand«
(Pestalozzi) entwickelt und erprobt hat.

1.2 Begründung seines pädagogischen Reformmodells Tiefensee

Reichweins schulpädagogisches Modell Tiefensee ist zweifelsohne
das Ergebnis einer ebenso einfallsreichen wie ausgereiften kon-
struktiven Schulreformarbeit aus der Spätphase der Reformpädagogik, die um die Einseitigkeiten mancher Reformschulen in den An-
fangsjahren der pädagogischen ›Bewegung vom Kinde aus‹ weiß
und konsequent die Lehren aus den kontroversen Diskussionen in
den 20er Jahren um die Frage ›Führen oder Wachsenlassen‹[9] und
um die ›Wiederentdeckung der Grenze‹[10] für die Erziehungspraxis
gezogen hat:

»Es bestand für kurze Zeit die Gefahr, dass man mit dem Drill zugleich die Berufung zu Dienst und Disziplin verwerfe. Man wollte das

Fahrzeug erleichtern, flottmachen, aber man ging zu weit. Plötzlich fehlte der Tiefgang, der Kielführung und Kurs erst möglich macht. Es bestand Gefahr, und nicht nur in der Schule, das Kind ganz auf sich, sein angeborenes Schöpfertum zu begründen. Vielleicht dünkte man sich manchmal hochpolitisch dabei, aber im Grunde entpolitisierte man die Schule damit, die nur als Polis, als Kameradschaft leben kann. Hatte man vordem das Kind für außer ihm liegende Zwecke geschult, so wollte man ihm nun das freie Spiel seiner Kräfte lassen.« (S. 152)

Solche allzu individualistischen Reformansätze basierten für Reichwein auf einem »falsch« verstandenen, »zu flach begründeten« Freiheitsbegriff (S. 152), der die Notwendigkeit der moralischen und sozialen Bindung ignorierte. Im Gegensatz dazu bedeutet Freiheit für Reichwein stets auch Verantwortungbewusstsein, was sich darin gründet, »dass zu jeder Freiheit des Spiels, zu jeder Entwicklung im Spielraum zugleich eine Bändigung ins höhere Ganze gehört; unter Menschen bedeutet dies: jene willentliche Ein- und Unterordnung, die Disziplin heißt«. (S. 152)

Neben der Freiheit, so Reichwein, habe ein Teil der frühen Reformpädagogik auch die Forderung nach Gleichheit im Erziehungsprozess arg missverstanden: »Wo man sich diesem Spuk hingab, stieg der Erzieher nicht nur äußerlich vom Katheder, sondern er gab sich selbst – als Erzieher nämlich – zugunsten des Kindes auf. Das Katheder als Sinnbild einer äußeren Autorität: auch wir wollen es nicht wiederholen. Aber die Gestrigen vergaßen, dass jenes Hinabsteigen zum Kinde eine unsichtbare Grenze nicht verwischen darf, die nicht als Trennendes, sondern als Anregung, als Reiz zwischen Erzieher und Jugend wirksam bleiben soll. Wir haben auch in der Erziehung den Sinn der Grenze wieder entdeckt.« (S. 153)

Allerdings rechtfertigt sich diese ›Grenze‹ bei Reichwein nicht aus der Amtsautorität, sondern aus der hohen Sach- und Personkompetenz sowie dem pädagogischen Auftrag des Lehrers. Diesen pädagogischen Auftrag für seine Tiefenseer Landschularbeit formuliert Reichwein in einem Kurzaufsatz aus dem Jahre 1939 so: »›Schaffendes Schulvolk‹ ist für uns immer wieder eine Mahnung, dass wir berufen sind, in der jugendlichen Welt eine schaffensfrohe Lern- und Lebensgemeinschaft vorzubilden.«[11]

Um die Schüler auf ein verantwortungsvolles Leben in der Gesellschaft vorzubereiten, darf die Schule im Sinne Reichweins »nicht als abgetrennter Schonraum für Unmündige, sondern als ein spezifischer gesellschaftlicher Lebensraum« verstanden werden, »in dem die zukünftigen Träger der Gesellschaft bereits aktiv am Leben ihrer Umwelt teilnehmen«.[12] Die Jugend »will kein Sonderdasein führen, weder in einer Schule, die man wie ein Gefängnis bald gerne wieder vergaß, noch in einer Schule, die ›Aktualität‹ mit Wirklichkeit verwechselte, sondern sie will von Kind auf ihren Tages- und Jahreslauf so verleben, wie es ihrer Teilhabe am Gemeinwesen und Volk zukommt. Sie will weder zwerghaft Erwachsene spielen noch von Erwachsenen zu Zwergen erniedrigt werden, sondern einfach – nicht weniger und nicht mehr – junges Volk sein.« (S. 154)

Zu diesem Zweck öffnet Reichwein seine Tiefenseer Landschule gegenüber der gesellschaftlichen Wirklichkeit, er sucht außerschulische Lernorte auf, bezieht umgekehrt pädagogische Laien als Experten in den Unterricht mit ein und erweitert die Schule so zu einem großen sozialen und kulturellen Lebens- und Erfahrungsraum, in dem ein abwechslungsreiches, handlungsorientiertes und sinnerfülltes, alle individuellen Anlagen anregendes Schulleben Platz hat: Musische Geselligkeit, Gymnastik, Sport und Spiel, Tanzen, Singen und Musizieren, die Mitgestaltung der Dorffeste und Gemeindefeiern gehören dazu, das sommerliche Schwimmen im nahegelegenen See, die Schulwanderung und die Großfahrt in den Ferien, Museumsbesuche und Exkursionen zu gewerblich-industriellen und landwirtschaftlichen Betrieben, das Arbeiten im Schulgarten und das Erkunden der Natur, das Werken, Basteln und Malen ebenso wie das forschende Lernen am Objekt, die ›originale Begegnung‹ mit Gegenständen und Sachverhalten. Die Kinder lernen dank solcher Impulse aus eigenem Antrieb, unbefangen, mit Freude an der Sache, durch praktische Erfahrung, statt bloßes Wissen aufzuhäufen.

1.3 Rekonstruktion der Erziehungswirklichkeit in der Tiefenseer Landschule: Unterricht und Schulleben

1.3.1 Unterrichtsinhalte

Der Unterricht in der Tiefenseer Landschule ist nicht allein und streng nach Fächern und Stundenplänen aufgebaut. Vielmehr plant Reichwein einheitliche, die Stofffülle auf exemplarische Fälle reduzierende und manchmal Monate dauernde (Werk-) Vorhaben, in die die einzelnen Unterrichtsfächer konstruktiv einbezogen werden. »Die Beschränkung [der Unterrichtsstoffe] ist meisterhaft«, schreibt er, »wenn sie kein Feld der gegenwärtig wichtigen Lebensbelange unbeachtet lässt, und doch nicht überlastet, wenn sie jedes Feld mit einem wesentlichen Fall belegt.« (S. 48)

Die fächerübergreifenden Projekte sind Bestandteil eines Lehrplanes, der entsprechend der besonderen Situation einer Landschule dem jahreszeitlichen Rhythmus der Natur und dem Jahreslauf der tradierten Feste der Dorfgemeinde folgt. Während des Sommerhalbjahres stehen unter dem übergeordneten Thema ›Formen und Kräfte der Natur‹ naturkundliche Untersuchungen und Projekte unter freiem Himmel im Zentrum der Schularbeit, im Winter ist die schulische Arbeit im geschlossenen Unterrichtsraum Vorhaben zu sozialhistorischen, ökonomischen und anthropologischen Themen gewidmet, die Reichwein unter der Überschrift ›Formen und Kräfte der menschlichen Gestaltung‹ zusammenfasst.

Abb. 1:
Weltkunde
im Garten
der Dorf-
schule

Reichwein, der seine Kindheit und Jugend selbst in einem kleinen hessischen Dorf, in Ober-Rosbach bei Friedberg, verbracht hatte, zeichnet im Unterricht kein agrarromantisch gefärbtes, vorindustrielles Weltbild bäuerlich-handwerklicher Idylle, wie es im zeitgenössischen, vom Nationalsozialistischen Lehrerbund (NSLB) geförderten Heimatkundeunterricht gepflegt wurde. Ganz im Gegensatz zur ›Blut-und-Boden‹-Ideologie der Nationalsozialisten ist der Kosmopolit Reichwein in seinem Unterricht immer darum bemüht, das Blickfeld der Schüler über die Barrieren des dörflichen Lebensrau-

mes hinaus systematisch auszuweiten. Pädagogisch geschickt nutzt
er die Erlebnisse der Kinder im alltäglichen Umgang mit der sie umgebenden Umwelt der ›engsten dörflichen Heimat‹ als Ausgangs-
punkte für unterrichtliche Vorhaben, die schließlich zur intensiven
Auseinandersetzung mit allgemeineren Problemen einer modernen
Industriegesellschaft unter Berücksichtigung auch weltwirtschaft-
licher Aspekte anregen:»Die Heimat- und Volkskunde erweitert sich
also zu einer Weltkunde, die immer auf das heimatliche Schicksal
bezogen und zugeschnitten bleibt.« (S. 52f.)

So führt etwa der Bau eines Heimatreliefs unter der Frage ›Wie sieht
der Flieger eigentlich unsere Heimat?‹ über kulturgeographische
Studien der näheren Umgebung hinaus zum Vergleich der Vogelflug-
linien mit den Luftverkehrsverbindungen zwischen Europa und anderen Kontinenten und verdichtet das so geweckte Interesse der
Kinder zu einem winterlichen Gesamtvorhaben ›Afrika‹, das in der
werklichen Gestaltung des ›gesamtafrikanischen Reliefs‹ auch seinen für die Schüler sinnlichen Ausdruck findet. (Vgl. S. 72ff.)[13]

Der Vergleich von moderner Technik und ihrem Vorbild in der Natur
bietet Gelegenheit, die Ausprägung der modernen Industriegesellschaft und ihre globale Vernetzung ebenso aufzuzeigen wie ihre
Verwurzelung in überlieferten Traditionen und natürlichen Gegebenheiten. Die Besinnung auf die Ursprünge der modernen Produktionsweise führt somit für die Schülerinnen und Schüler von der ho-
rizontal-räumlichen zur vertikal-zeitlichen Horizonterweiterung.[14]

Beispielhaft sei das Hausbauprojekt genannt:»Wir waren des öfteren schon, bei Museumsbesuchen, Bildbetrachtungen, nicht zuletzt
auf unseren Großfahrten nach Ostpreußen und Holstein, auf die Frage gestoßen, wie denn wohl der Bau der menschlichen Behausung
von jeher innerlich mit der sozialen Ordnung, den natürlichen und
wirtschaftlichen Bedingungen – und in späterer Linie erst mit dem
Stand der Technik – zusammenhinge. Wir sammelten in langen Mo-
naten immer wieder Unterlagen und Gesichtspunkte, betrachteten
und lasen, was uns in die Finger kam, und verdichteten es schließlich zu einem ›Vorhaben erster Ordnung‹, d. h. einer ganzen Serie
von Aufgaben. Wir wollten uns, so beschlossen wir, ein anschauli-
ches Bild verschaffen von der Entwicklung des Hausbaus aus den ersten Anfängen der Steinzeit bis zu den heute noch führenden Haus-
formen der verschiedenen deutschen Landschaften. Das ergab eine
›Innenarbeit‹ für den Winter. Während die älteren Kinder sich an
den ernsthaften, maßstab- und formgerechten Modellbau machten,

bauten die kleineren, ums neunte Lebensjahr gruppiert, aus leichten Stoffen, Papier und Pappe, einfach und ohne strengere Bindung Bauerngehöfte, farbig gestaltet und zu einem Dorf gruppiert. Wer schon einmal, resümiert Reichwein,»lebendige Geschichte, im Modell nacherlebt«, erfahren hat,»weiß und kann mit Gründen darauf bestehen, dass nicht das vielfältige und darum notwendig oberflächliche Scheinwissen, sondern die durch eigenes Nachschaffen geöffnete Tiefsicht in das Wirken der Geschichte wirkliches Wissen um die Dinge schenkt. Was hier nur angedeutet ist, musste in Wirklichkeit durch tägliche, auf viele Wochen verteilte Arbeit geleistet werden.« (S. 71f.)

Das historische Wissen für die Herstellung der bäuerlichen Hausmodelle und die Auseinandersetzung mit der Entwicklung der Produktionsformen und Arbeitsverhältnisse wird im zeitlich parallel laufenden Geschichtsunterricht vermittelt und in einem Fries, dem ›laufenden Band der Geschichte‹ dargestellt. Die Schüler befestigen es an der Wand ihres Klassenraumes. Auf diesem Wege entstand ein sozialhistorisch konzipiertes Geschichtsbild, das die Veränderbarkeit sozialer Verhältnisse veranschaulichte und offenbar Material zur Erörterung gesellschaftlicher Probleme bereitstellen sollte, mit denen die Schüler in der Gegenwart und nahen Zukunft konfrontiert waren. Gegenüber der offiziellen Geschichtsschreibung des Nationalsozialismus erscheint der Tiefenseer Geschichtsfries, so Lingelbachs Resümee,»wie ein unzureichend verschleiertes Kontrastprogramm«.[15]

Abb. 2: Das »laufende Band der Geschichte«

Um die unmittelbare Vorstellungskraft der Kinder vor allem bei der Behandlung abstrakterer Themen oder geographisch weit entfernt liegender Gegenstände anzuregen und zu vertiefen, setzt Reichwein das zu seiner Zeit noch ganz neue Medium ›Unterrichtsfilm‹ didaktisch gekonnt – im Sinne einer kritisch-konstruktiven Seherziehung – in die unterrichtliche Vorhabengestaltung ein.[16]

Bereits im Sommer 1934 wurde Reichweins Landschule für die erst im Aufbau befindliche Schulfilmarbeit inoffiziell zur filmischen ›Versuchsschule‹ der RfdU in Berlin erklärt und mit einem Schmalfilm-Vorführgerät und mit Filmen ausgestattet, so dass er dieses neue optische Medium häufig für seinen Unterricht heranziehen konnte.

1.3.2 Methode – Vorhaben als ›Weg der Erziehung‹

Die Schüler in Reichweins Landschule sind nicht in Jahrgangsklassen eingeteilt, sondern in Arbeitsgruppen, zu denen Kinder verschiedener Jahrgänge und unterschiedlicher Leistungsstufen gehören, die als einzelne oder im Gruppenverband ›Zubringerdienste‹ zu dem jeweiligen Gesamtvorhaben leisten, so dass »auch elementare Lernbemühungen, wie die Einübung der Lese-, Schreib- und Rechenfertigkeiten, von dort her Sinn und Motiv erhalten«.[17] Das Vorhaben und die mit ihm verbundene Methode des arbeitsteiligen Gruppenunterrichts boten hervorragende Möglichkeiten für die individuelle Förderung der Kinder, denn darauf kam es Reichwein an:»Jedes Kind soll nach seinem eigenen Rhythmus wachsen können. Das ergibt jene natürliche Wachstumssymphonie, in die auch der unbedeutende Ton sich einschmiegt – einschmiegen darf –, um in der Verbundenheit mit den anderen seinen eigenen Wert zu erleben und mit emporgerissen zu werden.« (S. 157) Die Rolle des Erziehers vergleicht Reichwein dabei – um im Bild zu bleiben – mit der eines Künstlers, dem es gegeben ist,»aus dem Gefüge der Orgelpfeifen Musik zu gestalten« (S. 58).

Gleich zu Beginn seines Buches ›Schaffendes Schulvolk‹ grenzt sich Reichwein eindeutig gegen die NS-Pädagogik, ihre Formationserziehung nach dem ›Führer-Gefolgschafts-Prinzip‹, ab:»Die Eigenständigkeit der Erziehung bezeugte und bezeugt sich immer nur in der Unantastbarkeit ihrer Ansätze, die vom Kinde stammen, von ihm bestimmt werden, und alle gewissenhafte, behutsame Erziehung durchwirken.« (S. 3)

Hier liegt der Ausgangspunkt seiner Pädagogik begründet: in der Mobilisierung der Selbstkraft, der Weckung der geistigen Spontaneität des Kindes. Die zukünftige Gesellschaft brauche keinen passiv-reproduktiven, durch blinden »soldatischen Gehorsam« (S. 34) gedrillten Schüler, der »wie eine genormte Form [...] überall in das mechanische Gefüge passt« (S. 152), sondern gefordert seien von ihm in den »wechselnden und immer wieder neuen ›Lagen‹« (S. 34) einer modernen Industriegesellschaft »geistige Bereitschaft, Können und das Bewusstsein einer eigenen Verantwortung« (S. 47).

In diesem Spannungsfeld zwischen ›schöpferischer Selbstentfaltung‹ auf der einen und ›sozialer Verantwortung‹ auf der anderen Seite lebt Reichweins Erziehungsarbeit mit den Tiefenseer Schulkindern: »Die Selbstkraft, schon im Kinde erkannt und entfaltet, schlägt nicht ins Selbst zurück, sondern zündet hinaus in die Gemeinschaft.« (S. 151) In diesem Verständnis von Sozialverpflichtung war es selbstverständlich, dass »einzelne besonders Begabte«, die »sich mit Siebenmeilenstiefeln fast aus eigener Kraft den Weg vorwärts bahnen«, sich freiwillig und gerne an die Aufgabe begaben, »kleine Gruppen der jüngeren Nachzügler zu betreuen« (S. 161). Zwei lernbehinderte Kinder stellt Reichwein ausdrücklich unter den besonderen Schutz der Klassengemeinschaft: »Es darf, so schwer die Verwirklichung ohne Fördergruppen auf dem Lande auch sein mag, kein Kind ver-

Abb. 3: »Helfersystem«: Ein älteres Kind unterrichtet die jüngeren Schülerinnen und Schüler im Schulgarten

nachlässigt oder gar, angeblich ›minderen Anspruchs‹, aus der Nachbarschaft offen oder insgeheim ausgeschieden werden.« Im Gegenteil:»Wert und Wirksamkeit jeder Erziehungsgemeinschaft ist untrüglich am Stande ihrer Sorgenkinder abzulesen« (S. 157).

Durch den arbeitsteiligen Gruppenunterricht wurden die Alters- und Leistungsunterschiede zwischen den Schülern produktiv gemacht, die Kinder wuchsen zu einer sich wechselseitig helfenden Schülergemeinschaft zusammen, es entstand ein ›Helfersystem‹ (vgl. S. 179), das auf die Ausbildung und Pflege sozialer Verhaltensweisen wie Solidarität, Kooperationsfähigkeit und mitmenschliches Verantwortungsgefühl gegründet war und das zudem – in seiner höchsten Realisationsform als»selbsttätige Erziehungsgemeinschaft« (S. 118) – den strapazierten Lehrer einer einklassigen Landschule wesentlich entlasten konnte.

In den gemeinsamen Vorhaben Reichweins, die die optimale und vielseitige Individualförderung mit einer konkreten Sozialerziehung zu verbinden suchten, realisiert sich das für Reichwein typische sozial-humanistische Bildungsideal der»voll entfalteten Persönlichkeit im Dienst der Gemeinschaft«.[18]

1.3.3 Das Werkvorhaben als ideales Modell eines erziehenden Sachunterrichts[19]

Neben dem täglichen Schulunterricht am Vormittag versammelt Reichwein die Kinder an vier Nachmittagen in der Woche auf freiwilliger Basis zur Werk- und Handarbeit in der Schule, die fast immer im Zusammenhang mit den Unterrichtsvorhaben stehen. Die handwerkliche Arbeit bildet den Kern der Tiefenseer Schularbeit, manuelle Tätigkeiten begleiten und krönen die Vorhabengestaltung, sie vertiefen und veranschaulichen die Unterrichtsvollzüge in allen Schulfächern.

Für Reichwein hat die Auseinandersetzung der Kinder mit gegenständlichen Dingen, mit Werkstoffen aller Art elementare Bedeutung für seine Unterrichtsarbeit:»Das Kind begegnet der Welt […] nicht als einer Einheit, sondern in ihren Einzelheiten; das heißt es begegnet ›Dingen‹. […] Aus diesem tiefsten Lebensbedürfnis des Kindes, Dingen und Sachen zu begegnen, um daran zu wachsen, leitet sich das besondere kindliche Bedürfnis nach ›Anschauung‹ ab. Die dingbezogene Anschauung aber ist die lebendigste und erregendste. Von den Dingen strahlt Wirkung aus.« Und das bedeutet für das

Kind,»das Angeschaute zu verarbeiten, sich selbst noch einmal zu erschaffen. Dann erst wird sie [die Anschauung] zur Vorstufe des eigenen Gestaltens.«Das Kind hat das natürliche»Bedürfnis und den Willen, mit den Dingen tätig zu sein und umzugehen – mit Stift und Zirkel, mit Hammer und Holz –, mit ihnen zu arbeiten oder sie umzugestalten«.[20]

In diesen Sätzen sind die anthropologischen Grundlagen für Reichweins Schul- und Werkpädagogik entfaltet:»Was die Hand geschaffen hat, begreift der Kopf um so leichter«, lautet sein pädagogischer Grundsatz.[21]

Das Vorhaben Reichweins basiert auf den methodischen Prinzipien der Arbeitsschule, es betont die gesellschaftliche und persönlichkeitsbildende Bedeutung der manuellen und geistigen Arbeit und vermittelt ein Grundrepertoire elementarer Arbeitstechniken. Die Vorhaben bilden ›pädagogisch abgesicherte Ernstsituationen‹, die schrittweise auf die moderne Arbeitswelt und die gesellschaftliche Wirklichkeit vorbereiten wollen. Sie gehen von den Schülerinteressen und aktuellen»Gelegenheiten« aus, sind mit ihrer»strengen, sachgebundenen Unterrichtsarbeit« aber alles andere als planloser »Gelegenheitsunterricht« (S. 111). Vielmehr sind sie häufig bereits Wochen, wenn nicht gar Monate intensiv vorausgeplant, denn gerade die sorgfältige Planung ist nach Reichwein die Voraussetzung für eine offene und flexible Durchführung der Vorhaben.

Angesichts der kärglichen Finanzausstattung damaliger Landschulen dienen viele dieser Werkvorhaben zunächst der Herstellung dringend benötigter Schulmöbel und geeigneter Unterrichtsmittel. Diese Vorhaben entspringen somit einem ganz bestimmten schulischen Bedarf, der durch ein konkretes Arbeitsergebnis, ein vorzeigbares und zugleich nützliches Produkt gedeckt wird, an dessen Vollendung alle Kinder – alters- und leistungsgerecht – beteiligt sind.

Vereint zur selbsttätigen und schöpferischen Arbeits-, Lern- und Lebensgemeinschaft werden von den Schülern unter Mithilfe von Handwerkern aus dem Dorf (vgl. S. 65) zunächst neue Bänke und Tische für die ›Freiluftschule‹ gezimmert; für den Schulgarten, gleich zu Beginn um eine Baumschule erweitert, in der die Kinder zumeist von fachkundigen Eltern in die»Handgriffe des Obstbaus« eingewiesen werden, wird ein Gewächshaus errichtet, später kommt noch ein durchsichtiger Bienenbeobachtungskasten für weitere naturwissenschaftliche Experimente hinzu; selbstgebastelte Nistkästen werden aufgehängt, Webrahmen gebaut, eine Geschichtskarte zur

Abb. 4: *Schülerinnen und Schüler bei der Werkgestaltung im Rahmen des Unterrichtsvorhabens* »Hausbau«

Versinnbildlichung des Unterrichts entsteht: ›das laufende Band der Geschichte‹, Blockflöten für den Musikunterricht und für musikalische Darbietungen werden aus den Stielen selbstgezogener Sonnenblumen geschnitzt, ein Puppentheater für die kleineren Kinder wird aufgebaut, und sogar hochwertige technische Medien wie ein Mikroskop werden unter Verwendung einfachster Mittel hergestellt. Auch ein eigener »Gerätepark« für die Schule – von der Holzhacke bis zum Leiterwagen – wird von den Kindern nach und nach mit ihren eigenen Händen angelegt. Reichwein scheint es vorzüglich verstanden zu haben, die Mangelsituation der Tiefenseer Landschule in pädagogische Vorteile umzuwandeln und die Kräfte der Kinder und Eltern durch Selbsthilfe zu steigern.

»Fast aus dem Nichts«, aus »ollen Klamotten« (S. 36) schaffen sich so die Kinder kunst- und phantasievoll ihre eigene Unterrichtswelt. Dabei erfährt das heranwachsende Kind zugleich, »dass jede Sache, selbst ein Abfall aus Holz oder Papier, Wert hat und darum wie eine Seltenheit genommen und achtsam behandelt werden soll [...]. Es bereitet Lust und eifert an, aus einem scheinbar wertlosen Ding, aus einem Fetzen, etwas Gestaltetes, etwas Hübsches und Brauchbares hervorzubringen« (S. 12).

So werden etwa beim Gewächshausbau die Backsteine des abgebrochenen Schornsteins einer alten Ziegelei verwendet und die Hausböden nach brauchbaren Glasscheiben durchstöbert. Und die beim Ausheben einer Grube anfallende Erde wird sogleich für die Anlage einer »Sandkiste« für die Kleinen zum Spielen verwendet (vgl. S. 65). Die Schüler werden, wie wir heute im Zeitalter der Rohstoffverknappung sagen würden, zu wahren Experten des Recycling. Der effiziente und kreative Umgang mit den knappen ›Ressourcen‹ ist für Reichwein zugleich ein grundlegendes Erziehungsziel, das sich aus seinen weitsichtigen Rohstoffstudien der 20er Jahre[22] und der dortigen Warnung vor einer Material-›Verschwendung‹ ableitet.

Im (Werk-)Vorhaben sieht Reichwein das ideale Modell eines erziehenden Sachunterrichts. Als Erziehungskräfte fungieren dabei die werkschaffende Gruppe und die Sache bzw. die selbsttätige Auseinandersetzung mit derselben. Der Lehrer tritt demgegenüber in den Hintergrund, er ist lediglich eine Art »Arrangeur«[23] von Lernprozessen: »Weil das Kind der Sache unmittelbar begegnet und sie nicht erst durch das Medium des Lehrers trifft, verwandelt sich aller Unterricht in Erziehung. Das aus der persönlichen Begegnung mit der Sache erworbene Wissen ist nicht toter Besitz, den man wieder ablegen oder auch verlieren kann, sondern es ist selbst in das kindliche Sein als Erfahrung eingegangen. ›Unterricht‹ im üblichen Sinne stellt also einen Weg unserer Erziehung dar. Es ist der Weg, dessen Marksteine die Sachen sind, denen das Kind begegnet und die die Aufgaben enthalten, die es bewältigen soll. So wird die Sache zum Erzieher.« (S. 58)

1.3.4 Elementare Lernformen[24]

Da die unmittelbar von der Lebenswelt und ihren Gegenständen ausgehenden Entwicklungsimpulse eher zufällig auftreten, ist es Aufgabe des Lehrers, die Anregungsvielfalt im Rahmen der Schule zu erhöhen, indem er die Aufmerksamkeit der Schüler auf weitere Aspekte der Lebenswelt – besondere Anlässe – lenkt, diese als Impuls in den kindlichen Erlebnishorizont rückt und gleichzeitig deren pädagogische Ergiebigkeit handlungsorientiert einschätzt: »Wir nennen Einfall, Anstoß und Anlass ›Gelegenheiten‹, weil sie uns Möglichkeiten zuspielen. Sie geben uns einen Ansatz, von dem aus wir weiterspinnen können. Aber so wie der Weber, wenn ihm ein neues und brauchbares Muster einfällt, dieses nicht wuchern, son-

dern wachsen lässt zu einem Werk, indem er dem Einfall seine ord-
nende Führung hinzufügt – ebenso ist der Erzieher wählerisch und
fragt, ob ein Einfall lohnt und auch in seinen Plan passt, ob er sofort
oder später, bei besserer Gelegenheit, einzusetzen sei und wie man
ihn zu einem brauchbaren Stück Unterricht gestalten könne.« (S.
111) Die Auseinandersetzung mit der entsprechend angereicherten Lebenswelt kann durch »Wort, Melodie, Geste, Handschrift und Zeichnen sowie durch gestaltendes Bauen« (S. 49) erfolgen und führt –
korrespondierend zum inneren Entwicklungsprozess des Kindes –
zu entsprechend unterschiedlichen Verwirklichungen in der praktischen Anwendung. Die ausgewogene und angemessene Berücksichtigung aller Formen der Auseinandersetzung im Rahmen der Schularbeit ist eine zentrale Planungsaufgabe des Lehrers.

Methodisch verläuft die Auseinandersetzung mit der Lebenswelt in
drei aufeinander aufbauenden »Stufen der Bewältigung« (S. 117ff.):
dem »Erwerb« neuer Kompetenzen, deren »Sicherung« und schließlich ihrer »Bewahrung«. Besonders der letzten Stufe, der »Integra-
tion neuer Kompetenzen«[25], widmet Reichwein seine Aufmerksamkeit: »Je mehr sich in den letzten Lehrjahren des Kindes die Sam-
mel- und Lernarbeit verdichtet, um so wichtiger wird die Bezogen-
heit seines Wissens. Isoliertes Punktwissen fällt dem Vergessen an-
heim, bezogenes Wissen gibt – wie bescheiden auch sein Ausmaß sei
– Halt fürs Leben.« (S. 127)

Reichweins Idee der Grundbildung zielt auf die Schaffung »Einfacher Formen« (S. 105f.), von Kompetenzstrukturen, die von den
Schülern im Laufe ihrer schulischen Arbeit gebildet und ständig
weiterentwickelt werden. Dabei unterscheidet Reichwein mit »Spiel,
Versuch und Werk« im Wesentlichen drei einfache Formen des Lernens: »An der Schwelle zwischen Spiel und Werk steht der Versuch.
[...] Der Versuch, als Vorschule und Übung, als besondere Zwischen-
form, bedeutet die Brücke zwischen Spiel und Ernst.« (S. 113) Die
Aufgabe des Lehrers ist es, den Konstruktionsprozess durch Hilfen,
sog. »Hilfsformen« (S. 112ff.), bei der immer wieder notwendigen
Verdichtung und Vernetzung neu erworbener Kompetenzen zu
unterstützen. Ziel der »Kindeserziehung« ist es nach Reichwein,
»dem Kind in den Stand tätigen Selbstseins zu verhelfen und ein Bewusstsein seines Könnens in ihm zu wecken. Er ist bemüht, das Kind
auf seinen eigenen Weg zu bringen, ihm durch Impulse Mut zu machen und damit ein seelisches Klima zu bereiten, in dem Selbstver-
trauen gedeihen kann.« (S. 41f.)

Auf diese Weise macht sich der Lehrer schrittweise überflüssig, an die Stelle der Lehre tritt das autonome Lernen der jungen Generation. Denn:»Wir führen diese Jugend nicht in eine wohlbereitete Heimat, sondern in das offene Gelände einer Zukunft, die sich selbst mitbauen muss.« (S. 33)

1.3.5 Vorhaben-Beispiel ›Gewächshausbau‹

Wie die Sache selbst, die aktive, selbsttätige Auseinandersetzung mit der Lebenswelt und die gemeinsame Zielsetzung zum Erzieher werden, soll im Folgenden am Vorhaben-Beispiel ›Gewächshausbau‹ verdeutlicht werden:

Der Plan, ein Gewächshaus für Unterrichtszwecke zu bauen, bestand schon lange. Eines Tages ergibt sich eine günstige Gelegenheit, den Plan in die gemeinsame Tat umzusetzen, als in der Nähe eine ausgediente Ziegelei gesprengt wird. Lehrer und Schüler karren kurzerhand die Steine in den Schulgarten und beginnen mit den Ausschachtungsarbeiten. Zur weiteren Bauplanung und -ausführung, die als Gemeinschaftswerk aller Altersgruppen erfolgen, werden Handwerksexperten aus dem Dorf als Sachverständige hinzugezogen. Die Fachleute verfügen über das nötige Spezialwissen, um den Schülern die für den Bau erforderlichen handwerklichen Elementartechniken zu vermitteln. Dadurch vermeidet der Lehrer ganz bewusst den illusionären Schein, ein ›Alleskönner‹ zu sein, denn:»Auch dies gehört zu den Grundsätzen einer wahrhaftigen Erziehung, dass das Kind den Erzieher selbst als Fragenden erlebt.« (S. 65)

Gemeinsam mit den Handwerkern, einem Zimmermann und einem Maurer, beginnen die Landschüler aus den unterschiedlichen Altersgruppen mit der Planung. Die dabei auftauchenden mathematisch-geometrischen Probleme, wie»Strecken- und Winkelmessungen, Flächen- und Raumberechnungen«, werden von einzelnen Gruppen arbeitsteilig in Angriff genommen. Auch die jüngeren Schüler – im Alter von acht und neun Jahren – werden bereits in die Aktivitäten einbezogen. Sie»leisteten«, ihrem Alter entsprechend,»eine ganze Reihe einfacher Zubringerdienste« (S. 57) zu den komplizierteren Arbeiten der Zehn- bis 14-jährigen und lernen aus der Beobachtung der Älteren.

▲
*Abb. 5: Handwerks-
meister aus dem
Dorf helfen mit*

◄
*Abb. 6: Arbeiten im
Gewächshaus*

Im Verlauf der Gewächshausplanung und im Zuge der Bauausführung werden die Schüler aus der Ernstsituation heraus mit immer neuen Problemen konfrontiert, die zum »gemeinschaftlichen Durchdenken« (S. 65) und zu fachspezifischen Exkursen Anlass geben: Man setzt sich mit Grundwasser- und Baustoffproblemen, mit Fragen der Wärmeisolierung und -ökonomie usw. auseinander. Die Beschäftigung mit statischen Problemen führt zu architektur- und kunstgeschichtlichen Exkursen, in deren Verlauf u. a. auf die Bauweise der gotischen Kreuzgewölbe eingegangen wird. Detailprobleme, wie z. B. die Frage nach der Herstellung von Glas, werden durch den Einsatz entsprechender Filmproduktionen geklärt. Nebenher laufen ständige Übungen und Kontrollen des unbedingt notwendigen Grundwissens. Im Verlauf des Vorhabens erlernen die Schüler eine Vielzahl rechnerischer und bautechnischer Kenntnisse und ein breites Spektrum technisch-manueller Fertigkeiten.

Im gemeinsamen Werkschaffen, in der praktischen Anwendung durch die Werkgenossenschaft erfahren auch die Sekundärtugenden der Ordnung, der Sachlichkeit und Sorgfalt, der Sparsamkeit und Sauberkeit für die Kinder ihren Sinn und ihre Rechtfertigung: »peinliche Genauigkeit, beständige Überprüfung mit Lot und Wasserwaage, sparsamer Umgang mit dem Rohstoff Mörtel, Rücksicht und Geschicklichkeit bei der Verwendung des brüchigen Altmaterials, kurzum beständige Wachsamkeit und Sorge waren Voraussetzung für das Gelingen auch dieses scheinbar so einfachen Bauvorhabens.« (S. 65f.) Zum Schluss, der Rohbau steht, feiern die Kinder zusammen mit ihrem Lehrer und den beteiligten Handwerkern aus dem Dorf mit Gesangs- und selbst getexteten Versvorträgen ihr »Fest der Arbeit«. (S. 66) Ein selbst gefertigtes Heft mit den dargebotenen Reimen wird den beteiligten ›Baumeistern‹ zum Dank überreicht. In den darauf folgenden Wochen wird das fertige Gewächshaus als neuer Lern- und Arbeitsort des Naturkundeunterrichts intensiv genutzt, »wo wir«, wie Reichwein berichtet, »unsere Kreuzungsversuche mit Blumen machen – künstliche Bestäubung –, wo unsere Pflanzen für das Freiland des Schulgartens vorgetrieben werden, wo wir schließlich auch besondere Frühjahrs- und Sommerkulturen anlegen und die Verschiedenheit der Wachstumsbedingungen und ihre Ergiebigkeit gegenüber dem Freiland beobachten« (S. 67).

Am Beispiel des Gewächshausbaus lassen sich die von *Johannes Bastian* – im Rückgriff auf Deweys Projektmethode (purposing, planning, executing, judging) – formulierten vier Stufen der Projektarbeit in der Schule gut ablesen:

»1. Im Projektunterricht wird eine für den Erwerb von Erfahrungen geeignete, problemhaltige Sachlage ausgewählt.

2. Im Projektunterricht wird gemeinsam ein Plan zur Problemlösung entwickelt.

3. Im Projektunterricht setzen sich die Beteiligten handlungsorientiert mit dem Problem auseinander.

4. Im Projektunterricht wird die Problemlösung an der Wirklichkeit überprüft.«[26]

1.3.6 Feste und Schulfahrten als Höhepunkte im Schulleben

Höhepunkte im Tiefenseer Schulleben sind die großen Feste im Jahreslauf: Weihnachten, 1. Mai und Erntedank. Gerade im Zusammenhang mit diesen Feierveranstaltungen wird die Verbundenheit der Schule mit der Dorfgemeinde besonders deutlich. Mit den Schülern und ihren Eltern zusammen gestalten Adolf und Rosemarie Reichwein die Feste und Feiern des Dorfes. Unter Reichweins Leitung entwickelt sich die Tiefenseer Schule mehr und mehr zum kulturellen Mittelpunkt der Dorfgemeinde.

Die pädagogische Bedeutung der Feier für die Kinder erläutert Reichwein so:»Das Fest ist für das Kind ein wirklicher Höhepunkt seines Daseins. Man nehme dies wörtlich: Nicht nur ein Grund zum Sich-freuen, sondern ein Anlass zum gesteigerten Sein. Darin liegt seine erzieherische Kraft. Es erhebt das Kind, nicht im sentimentalen, sondern im wirklichen Sinn, über den üblichen Stand des Lebens.« (S. 81) Wichtig ist nicht nur der Festtag selbst, sondern auch und besonders die Vorbereitungszeit, die sich in die Schularbeit des Jahres eingliedert. Aus dem Wunsch, die Dorfgemeinde zum Weihnachtsfest zu beschenken, erwachsen Ideen zu größeren und kleineren Vorhaben. Da werden Lieder, Tänze und Spiele einstudiert, die die Schüler zur Feier aufführen, und es werden Geschenke gebastelt, z. B. Holzspielzeug für die Kleinstkinder im Dorf, Basttaschen und Pfeifenständer für die Erwachsenen. »Die Schule gleicht von morgens bis nachts – sehr bildhaft gesprochen – einer Bienenwabe zur Zeit der Akazienblüte«[27], schreibt Reichwein Mitte Dezember 1934 seinem Freund Harro Siegel über die Vorbereitungen zu der geplanten Weihnachtsfeier.

Zu den bedeutendsten Ereignissen während ihrer Schulzeit zählen für die Schülerinnen und Schüler an der Tiefenseer Landschule noch heute die großen, etwa zweiwöchigen Schulfahrten in den Sommerferien, die Reichwein in den beiden ersten Jahren seiner Lehrertätigkeit in Tiefensee mit der Oberstufe der Dorfschule, also den zehn- bis 14-jährigen Kindern, unternimmt. 1934 führt die Klassenreise nach Ostpreußen, 1935 ist Schleswig-Holstein das Reiseziel.

Abb. 7: Zusammenstellung eines Bildarchivs zur Vorbereitung und Auswertung der Klassenfahrten

Wanderfahrten gehören seit seiner Zugehörigkeit zum Wandervogel vor dem Ersten Weltkrieg zum festen Repertoire des Pädagogen Reichwein. Sie dienen auch jetzt im Rahmen seiner Schularbeit sowohl der geistigen Horizonterweiterung der Schülerinnen und Schüler über die Dorfbarrieren hinaus als auch der Sozialerziehung des Einzelnen im Gemeinschaftsleben der Gruppe. Die frühzeitige Planung und intensiv betriebene Vorbereitung der Klassenfahrt im Unterricht, der in Geschichte, Geographie und Kultur der zu erschließenden Landschaft einführt, die sorgfältige Auswertung von Reiseführern, Fotos, Landkarten und Werbeprospekten sowie die spartanische Art der Durchführung – die u. a. auch finanzielle Gründe hatte: »damit auch die mittellosesten Landarbeiterkinder Gelegenheit hatten, mitzukommen, gerade sie! Sonst hätten wir lieber alle auf die Fahrt verzichtet. Denn wir wollen in unserer Erziehung den Begriff Gemeinschaft vorbildlich ernst und ohne Phrase nehmen« (S. 90) – und das Anlegen eines Reisetagebuchs erinnern an frühere Wanderfahrten Reichweins im Rahmen der Arbeiter- und Lehrerbildung.[28]

Nach einer Vortragsreise nach England im Sommer 1938, wo er seine landschulpädagogische Konzeption vorstellte, plante Reichwein den Ausbau seiner Tiefenseer Schule zu einer ländlichen Mittelpunktschule, gibt diese Planungen allerdings schon kurze Zeit später wieder auf, da ihm das damit verbundene politische Risiko nicht mehr kalkulierbar schien.

1.4 Wechsel an das Berliner Volkskundemuseum und aktiver Widerstand gegen das NS-Regime

Im Frühjahr 1939 – wenige Monate vor Beginn des Zweiten Weltkrieges – nimmt Reichwein das Angebot des Berliner Museums für Deutsche Volkskunde an, seine Schulabteilung zu übernehmen und die museumspädagogische Arbeit auf eine neue Grundlage zu stellen; für ihn ist dies gleichzeitig die Möglichkeit, aus der politischen Isolation von Tiefensee heraus in die damalige Reichshauptstadt Berlin, ins Zentrum der politischen Entscheidungen zu kommen. Durch seine politisch engagierten Freunde, die ihn häufig mit ihren Familien in Tiefensee besuchten, wie von Moltkes, von Trothas und von der Gablentz[29], wusste er von den Widerstandsaktivitäten verschiedener illegaler sozialistischer und kommunistischer Gruppierungen in Deutschland, vor allem in Berlin. Immer deutlicher hatte Reichwein zudem erkennen müssen, dass der »pädagogische Widerstand«[30], den er in Tiefensee leistete und den er durch seine Schulschriften publizistisch zu verbreiten suchte, nicht ausreichte, um dem Nazi-Regime wirklich effektiv begegnen zu können.

In Berlin, wo er während der Kriegsjahre mehrere große Schulausstellungen im Volkskundemuseum organisiert, die in ihrer didaktischen Aufbereitung nach wie vor museumspädagogische Modellausstellungen darstellen, schließt sich Reichwein jener Personengruppe um Helmuth James von Moltke und Peter Yorck von Wartenburg an, die später als ›Kreisauer Kreis‹ bezeichnet worden ist. Bei mehreren großen konspirativen Zusammenkünften befassen sich die ›Kreisauer‹ mit dem staatlichen und wirtschaftlichen Neuaufbau in Deutschland nach dem Ende des Zweiten Weltkrieges; aber auch und vor allem beschäftigen sie sich mit Fragen der europäischen Einigung und einer zukünftigen internationalen Friedensordnung.

Adolf Reichwein gehört zum engsten Kern des ›20. Juli‹; als einziger eigentlicher Schulfachmann im ›Kreisauer Kreis‹ maßgeblich beteiligt an der Formulierung der bildungspolitischen Grundsatzprogramme, gilt er als Kultusministerkandidat für eine Regierung nach Hitler.[31] Doch schon Anfang Juli 1944, noch ehe das Attentat Graf Stauffenbergs auf Hitler scheiterte, gerät Reichwein zusammen mit seinem Freund, dem sozialdemokratischen Arbeiterführer Julius Leber, in die Fänge der Gestapo: ein konspiratives Treffen mit Vertretern des Zentralkomitees der illegalen KPD in Deutschland, das der Absicherung des kurz bevorstehenden Staatsstreichversuchs dienen sollte, ist von einem Spitzel verraten worden. Am 20. Oktober 1944 – nach mehr als dreieinhalbmonatiger qualvoller Haft in den Folterkellern der Gestapo – wird Adolf Reichwein vom ›Volksgerichtshof‹ unter dem Vorsitz Freislers zum Tode verurteilt und noch am Abend desselben Tages in Berlin-Plötzensee im Alter von 46 Jahren hingerichtet.

Anmerkungen

1 *Adolf Reichwein* 1993. Im Folgenden werden Seitenangaben von Zitaten aus diesem Band, soweit sie sich auf die beiden *Reichwein*-Texte beziehen, in Klammern in den fließenden Text gesetzt.
2 Vgl. *Klafki* 1993, S. 7 und *Berg/Amlung* 1988, S. 285ff.
3 Zur Erwachsenenbildungsarbeit Reichweins vgl. jetzt: *Friedenthal-Haase, Martha* (Hrsg.) 1999 sowie *Ciupke* 1999, S. 81ff.
4 *Reichwein* hat in den 20er Jahren in Petersens Universitätsschule in Jena u. a. Vorträge gehalten.
5 *Haase* 1932, S. 727-733
6 *Dewey/Kilpatrick* 1935
7 Vgl. *Klafki/Müller* 1992
8 *Rüttenauer* 1967, S. 348-352
9 *Litt* 1927
10 *Zeidler* 1925
11 *Reichwein* 1939, S. 222
12 *Wiechmann* 1998, S. 402
13 *Adolf Reichwein* besaß zwischen 1929 und 1933 ein eigenes Sportflugzug, mit dem er zuweilen recht tollkühne Flüge unternahm.
14 Vgl. *Lingelbach* 1998, S. 555
15 *Ebd.*, S. 556
16 Vgl. *Hüther* (Hrsg.) 2000
17 *Lingelbach* 1980, S. 392
18 *Fricke* 1974, S. 309
19 *Mitzlaff* 1985, S. 956; vgl. zur Unterrichtsmethode bei *Reichwein* v. a. *Wittebruch/Meyer* 1993, S. 338-356.
20 *Reichwein* 1939, S. 217
21 Von *Reichwein* entworfene Legende zu einem Foto von einem von den Kindern gebauten Modell einer Drahtseilbahn (*Reichwein*-Archiv, Bibliothek für Bildungsgeschichtliche Forschung in Berlin).
22 Vgl. u.a. *Reichwein* 1928
23 *Koppmann* 1998, S. 169

24 Zum Folgenden vgl. *Wiechmann* 1998, S. 404f. und *Laging* 1996, S. 21f.
25 *Wiechmann* 1998, S. 405
26 *Bastian* 1993, S. 8
27 Unveröffentlichter Brief vom 13. Dezember 1934 an Harro Siegel (Reichwein-Archiv, Bibliothek für Bildungsgeschichtliche Forschung in Berlin).
28 Vgl. *Amlung/Hoch/Meinl/Münzer* (Hrsg.) 1993 und *Amlung* 1996
29 *Reichwein, Rosemarie* 1999, S. 35f.
30 *Hohendorf* 1967, S. 83
31 Vgl. *Amlung* 1999a, S. 434ff. und *Amlung* 1999b, S. 74ff.

2. Aktualisierung und Praxisbeispiele

2.1 Seminarentwicklung und Lehrerausbildung
Am Beispiel des Adolf-Reichwein-Studienseminars Westerburg

Ulrich Krämer

Vorbemerkungen

Begriffe wie Schul- und Unterrichtsentwicklung, Schulkultur, Schulprogramm, Qualitätsmanagement in Schulen, Schule der Zukunft beherrschen derzeit die schulpädagogische Diskussion und sind Gegenstand zahlreicher Veröffentlichungen in der Fachpresse. Gesellschaftliche und kulturelle Wandlungsprozesse, veränderte Sozialisationsbedingungen sowie die verbreitete Kritik an der Leistungsfähigkeit des deutschen Bildungswesens mehren und verstärken die Stimmen, die eine grundlegende Schul- und Unterrichtsreform i. S. einer Qualitätsverbesserung im Bildungssystem fordern.

Wenn sich die Schulen verändern und weiterentwickeln sollen, um ihren Auftrag zeitgemäß zu erfüllen, dann sind auch die Universitäten, Hochschulen, Studienseminare, Fort- und Weiterbildungsinstitute sowie die Schulaufsicht gefragt und gefordert. Vor allem auch die Einrichtungen der Lehreraus- und -fortbildung müssen die Reform der Schule mittragen und entsprechende Grundlagen schaffen, Anregungen und Hilfen bieten.

Welche Entwicklungsprozesse in einem Studienseminar auf den Weg gebracht wurden und weiter verfolgt werden, sei am Beispiel des »Adolf-Reichwein-Studienseminars« in Westerburg schlaglichtartig aufgezeigt.

Dabei wird die Bedeutung des Namenspatronats zentral zu berücksichtigen sein, denn Seminarentwicklung und Name des Studienseminars stehen in einer Wechselbeziehung.

2.1.1 Zum Aufbau des Studienseminars

Zum besseren Verständnis der spezifischen Seminarentwicklung werden hier kurz die Entstehungsbedingungen und Anfänge des Westerburger Studienseminars dargestellt.

Steigende Studenten- und Anwärterzahlen sowie ein wachsender Lehrerbedarf zu Beginn der neunziger Jahre führten zur Einrichtung weiterer Studienseminare für das Lehramt an Grund- und Hauptschulen in Rheinland-Pfalz.

Die besonderen Bedingungen der Anfangssituation erforderten einen zügigen und konsequenten personellen, organisatorischen und konzeptionellen Aufbau, da die sogleich beginnende Ausbildung sowohl innerhalb des Studienseminars als auch mit den Ausbildungsschulen pädagogisch-didaktisch und organisatorisch aufeinander abzustimmen war. Diesen Erfordernissen hatte die Seminarleitung in den ersten Wochen der Aufbauphase Rechnung zu tragen, indem sie die gemeinsamen Ausbildungsaufgaben möglichts effektiv zu koordinieren versuchte. Einarbeitung und Koordination bezogen sich vor allem auf die Rechtsgrundlagen, den Ausbildungsauftrag und allgemeine Zielsetzungen, Aufgabenbeschreibungen, Organisations- und Kooperationsformen sowie auf Arbeitsplanung und Arbeitsweisen, wobei mit zunehmender Ausbildungserfahrung Aufgaben schrittweise übertragen und kooperative Beteiligungen verstärkt wurden. Die weitere Seminarentwicklung wurde dann aufgrund der positiven Aufbruchstimmung und Zusammenarbeit mehr und mehr als gemeinsame Aufgabe aller Mitarbeiterinnen und Mitarbeiter verstanden und getragen.

2.1.2 Faktoren der Seminarentwicklung und -kultur

Das Kollegium sah es übereinstimmend als notwendige und zugleich reizvolle Gemeinschaftsaufgabe an, ein eigenes Profil im Westerburger Studienseminar schrittweise zu entwickeln.

Die allgemeine Zielvorstellung war, eine spezifische pädagogische Identität im Rahmen einer überzeugenden Seminarkultur herauszuarbeiten, um ein profiliertes Selbstverständnis, eine noch stärkere Motivation und Orientierung aller Beteiligten sowie ein klareres Image nach außen zu schaffen.

Von Anfang an wurde dabei betont, dass eine qualifizierte, auf den konkreten Unterricht bezogene Ausbildungsarbeit im Mittelpunkt der Seminarentwicklung steht, wobei innovative didaktische und methodische Konzepte als ständige Aufgabe sinnvoll zu integrieren waren.

Damit wurde zugleich die Notwendigkeit hervorgehoben, die unterrichtstheoretischen Grundlagen der Ausbildung zu einem ersten Schwerpunkt seminarinterner Fortbildung zu machen, um eine Verständigung über den Bildungsbegriff im Sinne einer Konsensbildung zu erreichen. Auf dieser Basis sollten möglichst schnell seminarspezifische Ausbildungskonzepte gemeinsam entwickelt werden.

Im Blick auf Merkmale und Erscheinungsbild »guter Schulen« wurden ergänzend weitere profilbildende Schwerpunkte herausgestellt, die die Seminarentwicklung und -kultur nachhaltig beeinflussen sollten:

■ Formen Offenen Unterrichts, selbständiges Arbeiten, methodisches und soziales Lernen der Lehramtsanwärter waren verstärkt in die Ausbildungsarbeit zu integrieren – gleichsam als Modell für die Arbeit in den Schulen.

■ Eine stärkere Öffnung des Studienseminars zur Region hin und zu den anderen Schularten sollte die pädagogisch-didaktische Arbeit im Innern fördern und die Wertschätzung unserer Einrichtung in der Öffentlichkeit verbessern.

■ Identitätsfördernd sollte insbesondere die Einführung eines Namenspatronats wirken, da eine dem pädagogischen Auftrag gemäße Namensgebung erfahrungsgemäß programmatischen Charakter und entsprechende Wirkungen entfalten kann. Mit dem Namen Adolf Reichwein lag sehr bald ein ernstzunehmender Vorschlag vor, über den noch zu beraten und abzustimmen war.

■ Die Gründung eines Fördervereins wurde angestrebt, um das Anliegen der Öffnung, die Verbindung zum gesellschaftlichen Umfeld und damit die Ausbildungstätigkeit zu unterstützen. Als mögliche Aktionsbereiche wurden Projekttage und Schullandheimaufenthalte, kulturelle Veranstaltungen und Tage der offenen Tür, Informationsschriften und die seminarinterne Fortbildung genannt.

■ Als Daueraufgabe wurde eine engere Zusammenarbeit mit der Universität, den anderen Studienseminaren, den Ausbildungsschulen und den Einrichtungen der Lehrerfort- und -weiterbildung definiert.

■ Das neue funktionale und solide Seminargebäude bedurfte einer ästhetischen und wohnlichen Ausgestaltung. Hier waren Ideen, Aktivitäten und Arbeitsergebnisse des Kollegiums und der Anwärterinnen und Anwärter gefragt.

■ Auch der schrittweise Aufbau einer seminareigenen Lernwerkstatt wurde angeregt, um die Öffnung von Schule und Unterricht sowie die Zusammenarbeit interessierter Lehrerinnen und Lehrer der Region aktiv zu unterstützen. So sollte die Lernwerkstatt der handlungsorientierten Ausbildung dienen und zugleich einen Fortbildungsbeitrag für erfahrene Kolleginnen und Kollegen leisten.

■ Hingewiesen wurde auf den Wert einer kontinuierlichen und aktiven Informationspolitik, z. B. auch über die regionale Presse, was die Mitarbeit und Initiative aller erforderte. Auch die Anlage und Pflege einer Seminarchronik sollte Identitätsprozesse und Seminarkultur fördern.

■ Schließlich wurde die zentrale Bedeutung eines anregenden und entspannten Seminarklimas betont, das nur aus einer aufgabenbezogenen und vertrauensvollen Zusammenarbeit aller Beteiligten erwachsen konnte.

Die genannten profilbildenden Faktoren wurden wie angestrebt nach und nach umgesetzt und über die ursprünglichen Vorstellungen hinaus realisiert, wobei insbesondere fächerübergreifende Projekte, Workshops, Ausstellungen, Vorträge und Diskussionsveranstaltungen dem Anliegen der Öffnung dienten.

Bevor jedoch in eigenen Abschnitten die Bedeutung des Namenspatronats und der Aufbau von Lernwerkstätten als wichtige Elemente der Seminarkultur hervorgehoben werden, wird an dieser Stelle auf die bereits angesprochene Konsensbildung in Ausbildungsfragen konkreter einzugehen sein. Diese erste grundlegende Theorie und Praxis verbindende Fortbildungsreihe für alle Lehrenden in Studienseminar und Schule bewirkte ein hohes Maß an bildungstheoretischer Verständigung und Konsensbildung, auf deren Basis eigene Ausbildungskonzepte gemeinsam weiter entwickelt werden konnten. Beispielhaft seien einige Ausbildungskonzepte benannt, die von Arbeitsgruppen des Kollegiums unter Beteiligung von Anwärterinnen und Anwärtern neu bearbeitet und von der Seminarkonferenz als gemeinsame Ausbildungsgrundlage beschlossen wurden:

■ Die »Anregungen zur Reflexion und Planung von Unterricht« orientieren sich insbesondere an der »Kritisch-konstruktiven Didak-

tik« Wolfgang Klafkis und verstärken die Aspekte des eigenverantwortlichen, methodischen und sozialen Lernens.

■ »Offene Arbeitsformen in den Fachseminaren und Allgemeinen
Seminaren« lautet eine seminarinterne Weiterentwicklung und Konkretisierung allgemeiner Empfehlungen aus dem Bildungsministe-
rium Rheinland-Pfalz.

■ Die »Gesichtspunkte für die Beurteilung von Unterricht im Vorbe-
reitungsdienst« sind ebenso wie die Kriterien für die »abschließenden Beurteilungen« und die »Beurteilung der Hausarbeit« mit den
anderen Konzepten abgestimmt.

Konsensbildend wirkten insbesondere auch zwei weitere seminarinterne Fortbildungsveranstaltungen:

■ Innovationen in Schule, Universität und Studienseminar
■ Moderationsmethoden in der Ausbildung – in Verbindung mit dem
Schwerpunkt: Methodentraining

Konkret angeregt und verbessert wurden so die Zusammenarbeit
zwischen Studienseminar und Universität sowie eine systematische-
re »Methodenpflege« in den Ausbildungsveranstaltungen des Studienseminars.

2.1.3 Zur Bedeutung des Namenspatronats für Seminarentwicklung und Lehrerbild

Zum 1. August 1994 wurde dem Studienseminar Westerburg der
Name »Adolf-Reichwein-Studienseminar« vom rheinland-pfälzi-
schen Ministerium für Bildung und Kultur offiziell verliehen. Die
Seminarkonferenz hatte vorher einstimmig beschlossen, beim Mi-
nisterium einen entsprechenden Antrag zu stellen. Kollegium und
Seminarleitung waren der Meinung, dass die Einführung eines dem
Ausbildungsauftrag angemessenen Namenspatronats identitätsfördernd und profilbildend wirkt, so dass die pädagogische Seminarentwicklung eine zusätzliche Orientierung erfahren konnte. Aus
Anlass der Namensverleihung präsentierte das Studienseminar im
Oktober 1994 die Wanderausstellung »Adolf Reichwein – Reformpädagoge und Widerstandskämpfer«. Zur feierlichen Eröffnung am
7. Oktober sprach Dr. Ullrich Amlung, der die Ausstellung zusammen mit dem Adolf – Reichwein – Verein konzipiert und zusammengestellt hatte.

Mit dem Namen Adolf Reichwein, dem Reformpädagogen, Erwachsenen- und Lehrerbildner, Museumspädagogen und Widerstandskämpfer gegen den Nationalsozialismus, der zudem aus der Region des Westerwaldes stammte (Geburtsort: Bad Ems), glaubte das Kollegium, ein fortschrittliches und offenes Seminarkonzept gut verbinden zu können. So erschienen Reichweins schulpädagogische Gedanken, die er in seinen beiden Schulschriften »Schaffendes Schulvolk« (1937) und »Film in der Landschule« (1938) dargestellt und begründet hat, auch für die heutige Schule und Lehrerausbildung in Theorie und Praxis bedeutsam und hoch aktuell.[1] Reichweins einmalige Leistung als Lehrerpersönlichkeit wurde insbesondere auch darin gesehen, dass er seine reformpädagogische Arbeit an der einklassigen Landschule in Tiefensee unter den Bedingungen der nationalsozialistischen Herrschaft geleistet hatte. So hielt Wolfgang Klafki am 19. November 1998 in der öffentlichen Gedenkveranstaltung des Studienseminars zum 100. Geburtstag Adolf Reichweins den Hauptvortrag zum Thema »Adolf Reichwein: Bildung und Politik«, dem »Kernproblem, das Adolf Reichweins Leben, sein praktisches und theoretisches Werk [...] durchgehend bestimmte«.

Haben sich nun die in die positive Wirkung des Namenspatronats gesetzten Hoffnungen erfüllt?

Adolf Reichweins Konzepte und Erfahrungen haben die innere Entwicklung des Studienseminars, d. h. die gesamte Seminarkultur, tatsächlich beeinflusst und gestützt. Zu betonen sind hier seine Vorstellungen von einer humanen und demokratischen Schule, die Öffnung von Schule und Unterricht, seine überzeugende Förderung selbständigen, sozialen und methodischen Lernens sowie die Prinzipien und Beispiele einer Projekt, Problem- und Handlungsorientierung der pädagogischen Arbeit. So setzte Adolf Reichwein »an die Stelle des ›reproduktiven‹ Schülers das ›produktive‹ Kind«[2], wobei Unterricht und Schulleben Individualität und soziale Verantwortung zu verbinden suchten. Seinem sozialerzieherischen Leitmotiv folgend wurden darüber hinaus Fahrt, Fest und Feier zu zentralen Elementen eines Schullebens, für das die aktive Mitarbeit der Eltern und die Öffnung gegenüber der Dorfgemeinde von zentraler pädagogischer Bedeutung waren.

Diese seine Ideen, Erfahrungen und Beispiele hat bereits eine Mehrheit des Kollegiums zeitgemäß in die praxisorientierte Ausbildungsarbeit zu integrieren versucht – auch als Anregung für die Arbeit in den Schulen.

Schließlich werden in Ausbildungsveranstaltungen zum Thema
»Lehrerpersönlichkeit« konkrete Bezüge zur Reformpädagogik
Adolf Reichweins hergestellt, indem seine »Innovationen unter
schwierigsten historischen Bedingungen« anhand ausgewählter Materialien in Gruppen erarbeitet werden. Dabei wird allen Seminar-
teilnehmern eine vielseitige historische Lehrerpersönlichkeit vorgestellt, die auch heute in vielerlei Hinsicht Leitbild sein kann. Denn
Adolf Reichwein wirkte in allen seinen Tätigkeitsbereichen »produktiv und reformfreudig, er griff neue Ideen auf, erprobte sie selbst
in der Praxis und entwickelte sie gedanklich weiter. Persönlicher
Einsatz, Risikobereitschaft, die aktive Umsetzung von Erfahrungen
in unmittelbar pädagogisches und politisches Handeln, das sind Ei-
genschaften, die ihn in erstaunlichem Maße auszeichneten.«[3]

Mit diesen Aussagen aus der umfassenden Reichwein-Biografie Ullrich Amlungs wird die Persönlichkeit eines außergewöhnlichen
Menschen und Lehrers, dessen Leben und Werk für angehende Lehrerinnen und Lehrer Orientierungswert erlangen kann, treffend beschrieben.

So kann die Auseinandersetzung mit Adolf Reichwein junge Lehrerinnen und Lehrer ermutigen, ihren unterrichtlichen und erzieheri-
schen Gestaltungsspielraum in pädagogischer Verantwortung wahr-
zunehmen und auszuschöpfen.

Ihr Handlungsspielraum ergibt sich aus dem Spannungsverhältnis
von pädagogischer Eigenständigkeit und notwendiger Einbindung in
den pädagogischen Gesamtzusammenhang der Schule. Es geht darum, dass Lehrerinnen und Lehrer in Zusammenarbeit mit allen am
Schulleben Beteiligten verantwortliche Entscheidungen nach bestem
Wissen und Gewissen treffen, so z. B.

- die schüler-, sach- und situationsgerechte Auswahl aus möglichen
  Unterrichtsthemen und -zielen
- die kritische Sondierung und Auswahl sowie kreative Gestaltung
  von Methoden und Medien
- die flexible schüler- und situationsgemäße Auslegung von Lehr-
  plänen und Rechtsvorschriften
- die Verstärkung individueller Hilfe und Beratung gegenüber blo-
  ßen Selektionsverfahren
- die Gestaltung von Gruppenprozessen und Erziehungssituationen
  mit dem Mut zum kalkulierten Risiko sowie
- das Ernstnehmen der Eltern als Anreger, Kritiker und aktiv Mit-
  wirkende in Schulleben und Unterricht

■ beim Beschreiten innovativer Wege in Unterricht und Schulleben (z. B. offenere und kooperativere Formen des Unterrichts, Projekte und Vorhaben, usw.)

■ im Engagement für die Gesamtentwicklung der eigenen Schule sowie ihrer politischen und gesellschaftlichen Rahmenbedingungen.

Eine so verstandene Orientierung an der Persönlichkeit Adolf Reichweins korrespondiert in hohem Maße mit den professionellen Anforderungen an die Lehrertätigkeit heute, wobei fachliche, didaktische, methodische und mediale Kompetenzen selbstverständliche Basis bleiben.[4]

2.1.4 Werkstattarbeit im Studienseminar

Als zentrales Element der Seminarentwicklung sollte die Lernwerkstatt am Studienseminar ein Ort sein, wo Lernen im Sinne einer »neuen Lernkultur« exemplarisch erfahren werden kann.[5] Als Lernort für Anwärterinnen und Anwärter sowie für interessierte Lehrerinnen und Lehrer der Region bietet sie Anregungen zur Förderung eigenverantwortlichen, kooperativen, methodischen, kreativen und handlungsorientierten Lernens. Die Lernwerkstatt versteht sich vor allem als Forum zum kollegialen Erfahrungsaustausch für alle an der Ausbildung Beteiligten.

Die konkrete Arbeit begann mit ersten Angeboten zum fächerübergreifenden Themenbereich »Wald«, wobei eine didaktisch-methodisch strukturierte »Sinneswerkstatt«, eine »Schreibwerkstatt« und eine Werkstatt »Laubstreuzersetzung« praktisch erprobt werden konnten. Im Sinne schulartübergreifender Zusammenarbeit wurde bereits die Eröffnungsveranstaltung zusammen mit der regionalen Arbeitsgruppe »Neue Unterrichtsformen am Gymnasium« durchgeführt. Da eine Lernwerkstatt vom schrittweisen Ausbau der Angebotspalette und der ständigen Erweiterung des Netzes von Kooperationspartnern lebt, entstanden bald auch weiterreichende Ideen und Pläne, die nur in Zusammenarbeit mit Ausbildungsschulen oder anderen Institutionen praktisch umzusetzen waren.

Eindrucksvolle Lern- und Seminarwerkstätten, die von Fachleitern und Lehrern kooperativ ausgebaut und betreut werden, entwickelten sich so an der Grundschule und Regionalen Schule Selters sowie an der Grundschule Girod. Das »Museum in der Schule« in Selters ist als Spiel-, Versuchs- und Handlungsraum konzipiert, bei dem die handelnde Begegnung mit ansprechenden historischen Alltagsobjekten aus der Region des Westerwaldes im Vordergrund steht. Es ermöglicht Werkstattlernen mit Schülerinnen und Schülern, aber auch mit Lehramtsanwärterinnen und Lehramtsanwärtern. Letztere können dort beispielsweise Unterrichtssequenzen und projektorientierte Vorhaben entwerfen oder ergänzende Bild-, Text- und Materialangebote für die fächerübergreifende oder fachbezogene Unterrichtsarbeit herstellen.

An der Grundschule Girod entwickelt sich eine gemeinsame Lernwerkstatt »Natur in der Schule«, die Schule und Studienseminar rund um das Schulhaus vielfältige jahreszeitenbezogene Erfahrungs- und Handlungsmöglichkeiten zu den Bereichen »Wald« und »Garten« eröffnet. Insbesondere Naturerlebniswanderungen, Anlage und Pflege von Biotopen, Baumlehrpfad, Lern- und Schreibtätigkeiten unter Einbeziehung von Sinneseindrücken in der Natur, auch Formen integrativer Fremdsprachenarbeit regen über exemplarisches Tun die didaktisch-methodische Reflexion und Fantasie sowie den kollegialen Erfahrungsaustausch im Sinne von Umwelterziehung und Entdeckendem Lernen an.

Mit finanzieller Unterstützung des Bistums Limburg entsteht zur Zeit in Zusammenarbeit mit dem zuständigen Religionspädagogischen Amt eine Lernwerkstatt Religion, die eine erfahrungs- und handlungsorientierte Ausbildungs- und Fortbildungsarbeit gleichermaßen ermöglichen soll.

Konzeption und Praxis des Werkstattlernens in Studienseminar und Schule heute korrespondieren in hohem Maße mit der reformpädagogischen Arbeit Adolf Reichweins, insbesondere mit seinen Vorstellungen und seiner Praxis »gemeinsamen Werkschaffens« im Rahmen fächerübergreifender »Vorhaben« aus dem Erfahrungsbereich der Kinder. Beispiele für die »Werkvorhaben« Reichweins sind Planung, Bau und unterrichtliche Nutzung eines Gewächshauses, eines verglasten Bienenstocks oder von Unterrichtsmedien bzw. -materialien wie etwa dem »laufenden Band der Geschichte« (einem Geschichtsfries) oder auch technischen Modellen und Musikinstrumenten.[6] Das »Vorhaben« Reichweins basiert ähnlich dem heutigen Werkstattlernen vorwiegend auf den pädagogischen Prinzipien der Arbeitsschulbewegung.

2.1.5 Auf dem Weg zu einem Seminarprogramm

Analog zur Entwicklung in vielen Schulen wurden auch im »Adolf-Reichwein-Studienseminar« konkrete Schritte auf dem Weg zu einem Seminarprogramm eingeleitet. Dabei konnte an einen Beschluss der Seminarkonferenz aus dem Jahre 1996 angeknüpft werden, der die »Weiterentwicklung der Seminarkultur« als langfristige innere Aufgabe definierte. Es bestand Einigkeit, dass in den letzten Jahren bereits viel für die innere Entwicklung des Studienseminars im Sinne von Qualitätsentwicklung und Seminarkultur getan wurde, wobei jedoch ein noch stärker systematisch ausgerichtetes Vorgehen wünschenswert erschien. Das Kollegium diskutierte und akzeptierte die Zielsetzung, die bisherigen seminarspezifischen Entwicklungsprozesse und -ergebnisse in einem Seminarprogramm bewusster zu machen und noch stärker miteinander zu vernetzen, um die Seminarentwicklung in Gang zu halten und neue Akzente zu setzen.

Es wurde ein »Entwicklungsteam« gewählt, das den Weg zu einem Seminarprogramm mit konkreten Vorschlägen und Entwürfen für die Seminarkonferenz vorbereiten und begleiten sollte. Die folgenden Arbeitsphasen waren konsensfähig:

■ Bestandsaufnahme (Analyse des IST-Zustandes)
■ Entwicklung von Leitzielen (SOLL-Analyse)
■ Entwurf von Handlungszielen und -schritten.

Nach Hervorhebung der gemeinsam erfahrenen Stärken und Leistungen des Studienseminars wurden insbesondere die Konsensbildung in Ausbildungsfragen sowie die seminarinterne und -externe Fortbildung als weiter zu optimierende Bereiche herausgearbeitet. Einer ersten Präzisierung und Konkretisierung entsprechender Möglichkeiten und Perspektiven in der Seminarkonferenz folgte schließlich der Beschluss, zur Optimierung der Weiterarbeit am Projekt »Seminarprogramm« bis hin zu einem schlüssigen Gesamtkonzept auch externe Beratung in Anspruch zu nehmen. Wesentliche Merkmale der Seminarentwicklung am Adolf-Reichwein-Studienseminar sind die dargestellten Initiativen zur Verbesserung der Ausbildungsqualität und Seminarkultur durch ganzheitliche Identitätsbildung nach innen mit profilbildender Wirkung nach außen. Dabei übt nicht zuletzt das Namenspatronat eine wichtige inhaltliche Leitbildfunktion aus, die in den »Leitgedanken« zum Seminarprogramm sowie in den weiteren konkreten Entwicklungs- bzw. Realisationsschritten gleichermaßen ihren zeit- und situationsgemäßen Niederschlag finden wird. Auch die seminarspezifischen Entwicklungsprozesse als solche können im Sinne einer sich permanent verändernden »lernenden Organisation«[7] weitere Impulse aus der »lernfähigen Schule«[8] Adolf Reichweins in Tiefensee erfahren. Dies schließt im Sinne Reichweins selbstverständlich die weiterführenden Fragen und Antworten ein, die sich aus den gegenwärtigen sowie zukünftigen politischen, gesellschaftlichen und kulturellen Herausforderungen für Schule und Lehrerbildung ergeben.

Anmerkungen

1 Eine kommentierte Neuausgabe der Schulschriften Reichweins ist 1993 im Beltz-Verlag (Weinheim/Basel), herausgegeben von *W. Klafki, U. Amlung, H. Chr. Berg, H. Lenzen, P. Meyer, W. Wittenbruch,* erschienen.
2 *Reichwein* 1937, S. 85
3 *Amlung* 1999a, S. 14
4 Vgl. Bildungskommission NRW 1995, S. 303ff.
5 Vgl. die Praxisberichte zur Lernwerkstättenarbeit in diesem Band.
6 Vgl. *Reichwein* 1937, S. 33ff.
7 Vgl. *Regenthal* 1999, S. 165ff.
8 Vgl. *Meyer* 1988, S. 18ff.

2.2 Werkstatt-Lernen an Studienseminaren

Karin Patt-Wüst

2.2.1 Begründung des Lernwerkstattgedankens

Veränderungen in der Schülerschaft aller Schularten als Folge gesellschaftlichen Wandels und damit verbundener veränderter Lebens- und Erziehungsbedingungen von Kindern und Jugendlichen stellen neue Herausforderungen an Schule und Unterricht dar. Daraus ergeben sich unter anderem schulartübergreifend Begründungen und Forderungen nach der Realisierung von Unterrichtsformen, die intentional die Handlungskompetenz der Lehrenden und Lernenden durch die ganzheitliche Förderung von Sach- und Methodenkompetenzen, einschließlich sozial-kommunikativer und personal-emotionaler Kompetenzen aufbauen bzw. erweitern. Große Bedeutung kommt in diesem Zusammenhang dem Werkstattunterricht zu.

Nach unserer Auffassung könnte die Kluft zwischen Wissen und Handeln durch das Arbeiten in Lernwerkstätten verringert werden, da dort Erfahrung, Beobachtung und Tun aufeinander bezogen sind. Lernen erwächst wesentlich aus eigenen Erfahrungen und Beobachtungen, ist handelnd und kooperativ ausgerichtet. Die Bedeutung der Kategorie des Handelns für das Lernen formuliert Adolf Reichwein in dem Grundsatz:»Was die Hand geschaffen hat, begreift der Kopf um so leichter.«[1]

Wenn handgreifliche Eigentätigkeit die wichtigste Basis für erfolgreiches Lernen ist und Kinder und Jugendliche immer weniger Möglichkeiten für eigene Erfahrungen durch praktisches Handeln haben, muss sich Schule von der»Belehranstalt«zum»Ort des Sich-Bildens«[2] ändern.

Dies bedeutet eine Veränderung der Lehrerarbeit. Die Pädagogik des»Beybringens«, wie sie die klassische Didaktik propagiert, müsste sich wandeln»zu einer Pädagogik der Hilfe und Unterstützung bei der Selbstaneignung von Welt.«[3]

Handlungs- und erfahrungsorientierter Werstattunterricht ist abzugrenzen von gelegentlich anzutreffenden Formen von Aktionismus, die zu Recht Anlass zu Kritik geben.

Werkstattunterricht ist

- mehr als interessen- und bedürfnisorientierte Auflockerung traditionellen Unterrichts, bei dem es scheinbar darum geht, daß die Lernenden »Spaß gehabt« haben
- nicht bloßer Aktionismus, zu dem »gutgemeinte« Handlungsorientierung mancherorts »verkommt«
- nicht ein Ort der Beliebigkeit des Was und Wie des Lernens,

sondern

- intentional, inhaltlich, methodisch und sozial vorstrukturierte Lernumgebung für eigenverantwortliches Lernen
- Ort für Einzel-, Partner und Gruppenarbeit
- Ort anspruchsvollen Lernens und angenehmer Atmosphäre
- Ort der Präsenz von Lehrpersonen, die Zeit für Kinder haben.

Werkstattunterricht kann Raum und Zeit lassen für besondere Interessen und individuelles Lerntempo. Der Erfolg solcher offener und prozessorientierter Unterrichtsgestaltung ist in hohem Maße davon abhängig, inwieweit die Lernenden fachspezifische Arbeitsmethoden, Strategien und Techniken beherrschen, um sich Sachzusammenhänge und Problemfelder zu erschließen und anzueignen.

2.2.2 Konzept von Lernwerkstätten an Studienseminaren

Die wichtigsten handlungsleitenden Aspekte zur Konstituierung von Lernwerkstätten an Studienseminaren werden in folgendem Konzept zusammengefasst:

1. Voraussetzungen

- Initiativgruppe für erste Schritte
- Unterstützung durch die Seminarleitung
- Konsensbildung in der Gesamtkonferenz über die Einrichtung von Lernwerkstätten im Studienseminar – evtl. mit einem besonderen Schwerpunkt
- Schaffen angemessener räumlicher und zeitlicher Rahmenbedingungen
- Nutzung aller vorhandenen Ressourcen (Personen, Sachen, Literatur, Medien, Computer, außerschulische Lernorte)
- Klären der Finanzierung, z. B. Förderverein
- Bereitschaft und Motivation aller Beteiligten für ein längerfristiges Engagement.

2. Werkstattarbeit

- Erstellen von themenzentrierten »Lernlandschaften« für eigenverantwortliches, handlungsorientiertes Lernen durch Teams von Fachleitern und Anwärtern
- Aufbewahren des zusammengestellten Materials zum Entdecken, Erforschen, Ausprobieren etc. in Koffern oder Kisten
- Anlegen von Ordnern mit der Beschreibung des Lernarrangements (Intentionen, Thematik, Inhaltsbeschreibung, Aufgabenstellungen, erforderliche Methodenkenntnis) und Dokumentation der Werkstattarbeit einschließlich kritischem Feedback in einer Mappe
- Einrichten einer ständigen »Ecke« mit Material für den ästhetischen Bereich (Puppentheater, Verkleidungskiste, verschiedenfarbige Papiere, Pappe, alte Zeitschriften für Collagen, Farbstifte, Kinder- und Jugendliteratur u. a. m.)
- Entwerfen fachspezifischer bzw. fächerintegrativer (projektorientierter) Konzepte für Werkstattunterricht, z. B. in Fachseminaren.

3. Kooperation und Kommunikation in den Lernwerkstätten

- Auswahl intentionaler, inhaltlicher und methodischer Aspekte von Lernarrangements durch Fachleiter, Mentoren, Anwärter und Lehrer
- Austausch und Reflexion der (Lern-)Erfahrungen bei der Werkstattarbeit – kritisches Feedback (»Werkstattgespräche«)
- Zugänglichmachen der Materialkisten und Dokumentationsmappen
- Anlegen einer Stichwortkartei zu Werkstattangeboten
- Erstellen eines Terminplans für die Nutzung der Lernwerkstätten in der Seminararbeit.

4. Ausbildungsrelevante, themenbezogene Nutzung der Lernwerkstätten

- Vorstrukturierung und Beschaffung von Material, Moderation der Arbeit durch ein »Werkstattteam«
- Öffnung der Lernwerkstätten zur Region hin
- Anbieten von »Werkstattgesprächen« für alle an der Ausbildung Beteiligten

2.2.3 Lernwerkstätten als Orte der Innovation

Die folgende Übersicht soll deutlich machen, welche Säulen die Lernwerkstätten tragen:

a) Sache

Didaktisch-methodisch vorstrukturierte Arrangements von Materialien und Medien unter Beachtung

- der Möglichkeiten für eigenverantwortliches Lernen
- der Methodenvielfalt (Lehr- und Lernmethoden bzw. Lernstrategien, fachspezifische Arbeitsmethoden)
- der angemessenen Formulierung von Aufgaben
- der Interdisziplinarität
- der Erfahrung aus der Unterichtspraxis

b) Personen

- treffen sich
- tauschen Unterrichtserfahrungen aus
- lernen durch manuelles und geistiges Tun in der Werkstatt –
»learning by doing«
- arbeiten im Team (in unterschiedlichen Sozialformen)
- erwerben selbstverantwortlich unterrichtsrelevante Kenntnisse und Fertigkeiten
- eignen sich (Arbeits-)Methoden und Lernstrategien für eigenverantwortliches Lernen an
- sprechen über auftauchende Probleme
- lernen voneinander
- reflektieren Lernmöglichkeiten und eigene Lernprozesse
- erproben Lernarrangements im Unterricht
- evaluieren den Lernerfolg
- überarbeiten Lernarrangements redaktionell
- innovieren Unterrichtsprozesse
- dokumentieren diese

Lernwerkstätten an Studienseminaren könnten demnach Orte sein, an denen alle an der Lehrerbildung Beteiligten sich treffen und Lernprozesse durch Erfahrung, Kooperation, Kommunikation und Reflexion innovativ weiterentwickeln.

Anmerkungen

1 Vgl. den Beitrag von Ullrich Amlung in diesem Band
2 Vgl. *Hentig* 1996
3 *Ramseger* 1997, S. 99

2.3 Werkstattberichte

2.3.1 Lernwerkstatt Seife – Ein Praxisversuch aus dem ersten Schuljahr

Mira Maldener

Zum Werkstattunterricht

Eine Lernwerkstatt ist eine Lernumwelt. Zu einem bestimmten Thema steht den Schülern nach dem »Prinzip der gestalteten Lernlandschaft oder der anregenden Lernumgebung« ein vielfältiges Arrangement von Lernsituationen und Lernmaterialien für Einzel-, Partner- und Gruppenarbeit zur Verfügung[1]. Dabei ermöglichen die Lernangebote dem Kind: freie Wahl der Aufgabenfolge, Zusammenarbeit, Selbstkontrolle und selbstbestimmte Arbeitszeit. Die Selbstwahl von Aufgaben erlaubt den Schülern, persönlichen Lerninteressen nachzugehen. Dabei können sie sich im Raum frei bewegen, leise miteinander sprechen und über die Sozialform weitgehend frei bestimmen.

Werkstattunterricht ist keine starre Unterrichtsform, er kann unter vier Hauptaspekten variiert werden: Inhalt, Form, Selbständigkeitsgrad und Zeitdauer. *Jürgen Reichen* unterscheidet zwischen verschiedenen Rahmenbedingungen und Formen des Werkstattunterrichts[2]:

So kann der Inhalt thematisch gebunden, d.h. alle Lernangebote gehören zum gleichen Thema, oder thematisch ungebunden sein, d.h. die einzelnen Lernangebote haben thematisch nichts miteinander zu tun.

Verschiedene Formen sind reiner Werkstattunterricht, Werkstattunterricht vermischt mit anderen Unterrichtsformen (Einschübe mit gemeinsamen Aktivitäten der Klasse und Phasen von Instruktionsunterricht), programmierter Werkstattunterricht (mit Lernangeboten zur Bearbeitung in einer bestimmten Reihenfolge) und begleitender Werkstattunterricht als freiwilliges Ergänzungs-Lernangebot. Der Selbständigkeitsgrad kann so ausgerichtet sein, dass der Lehrer mehr oder weniger Vorgaben macht, so dass die Schüler ihre Planung entsprechend selbst vornehmen.

A. Weber schlägt vor, für die Dauer von zwei bis fünf Wochen in zeitlichen Blöcken zwischen zwei bis vier Stunden pro Woche in der Werkstatt zu arbeiten[3].

Eine Lernwerkstatt vorzubereiten, heißt Aufgaben und Materialien zusammenzustellen, die einen »unmittelbaren, handelnden Bezug zum Leben« haben und die Erfahrungen »durch eigenes Tun in größtmöglicher Selbständigkeit« zulassen[4]. Lernwerkstätten (»Pädagogik zum Anfassen«) fordern durch ihre Materialien und Lernangebote dazu auf, »Lernen als Arbeiten, Herstellen, Darstellen, Handeln zu verstehen« und stellen damit »Gewohnheiten eines konsumierenden, kognitiven Lernens durch ›handgreifliche‹ Aktivitäten« in Frage.[5]

Daneben ist es wichtig, dass das Material einen hohen Anregungsgrad aufweist[6]. Verlagserstellte, »didaktische« Materialien oder Lernangebote »aus Papier« (vgl. ebd., 67) sind ungeeignet, »da ein Prinzip von Lernwerkstätten ist, von Alltagsmaterialien auszugehen, um an dem, was uns im Alltag umgibt, Probleme zu entdecken und zu lösen.«[7] Günstig ist auch, wenn das Lernangebot eine Steigerung zulässt: Grundaufgabe, Anschlussaufgabe und Zusatzaufgaben für Spezialisten.[8] Grundsätzlich sind Lernangebote anzustreben, die den Schüler vom Sachinteresse her motivieren.

Jürgen Reichen steckt einen Rahmen für Lernangebote ab, die Möglichkeiten zum handelnden Umgang mit Dingen eröffnen sollen.[9] Hierbei darf das Angebot nicht nur aus Übungs- und Wiederholungsaufgaben bestehen. Für einzelne Schüler kann das Lernangebot auch individuelle Förderungsangebote enthalten. Dabei können Schüler eigene Interessen verfolgen, indem sie nicht festgelegte »Leerangebote« erhalten mit dem Hinweis, sich selbst eine Aufgabe zu stellen.

Die Raumvorgaben sind ein entscheidender Faktor bei der Organisation einer Lernwerkstatt. Unabhängig von der Raumgröße oder -anzahl sollte man drei wichtige Gesichtspunkte bei der Raumgestaltung berücksichtigen: »Differenzierung, Dezentralisierung und Offenheit: Funktionsdifferenzierte Bereiche (Ecken, Zonen) gehören zum Erscheinungsbild« einer anregenden Lernumwelt.[10] Stehen mehrere Räume zur Verfügung, »ist der Zusammenhang untereinander wichtig, damit während der Arbeit sachliche und soziale Verbindungen möglich sind.«[11] So kann auch jedem Raum eine eigene Funktion zugewiesen werden.

Die Materialien der Lernwerkstatt sollten »nicht ›aufbewahrt‹, sondern so präsentiert werden, dass ein gewisser Aufforderungscha-

rakter von ihnen ausgeht«.[12] Damit die Lernangebote – mit Auf-
tragsschildern versehen – anregen, sich mit ihnen zu beschäftigen,
sollten sie übersichtlich, ansprechend und zugänglich angeordnet
sein. Selbsttätiges Umgehen mit Arbeits- und Lernmaterialien setzt
voraus, dass der Arbeitsauftrag leicht verständlich ist. Dabei ist die
Gestaltung der Auftragsschilder abhängig von der Art der Werkstatt
(Übungsaufgaben brauchen wenig Erläuterungen) und von der Klassenstufe, da evtl. auf Leseschwierigkeiten geachtet werden muss[13].

Bei der Präsentation der Lernangebote ist es »nicht nötig, das gesamte Angebot schon am ersten Tag bereitzulegen [...] Ist das Ge-
samtangebot zu groß, so verlieren die Kinder die Übersicht.«[14] Nach
meinen eigenen Erfahrungen mit offenen Unterrichtformen (wie
z. B. Stationenlernen, Lerntheke) können einzelne Kinder zu schnel-
lem, flüchtigen Arbeiten verleitet werden, weil sie meinen, sie müssten sich beeilen und so viel zu tun sei. Aus diesem Grund sollte man
einige Angebote zurückhalten und erst im Verlauf des Werkstattunterrichts nach und nach einbringen, was einen zusätzlichen Span-
nungsreiz schafft. Gleichzeitig können notwendige Einführungen in
einzelne Angebote auf mehrere Tage verteilt werden.[15]

In den ersten Stunden des Werkstattunterrichts sollten einige grundlegende Verhaltensregeln mit den Schülern vereinbart werden. Eine
weitere Bedingung, die zum Gelingen von Werkstattunterricht bei-
trägt, ist die Einführung in Einzel-, Partner- oder Gruppenarbeit. Eine Sonderform von Partner- oder Gruppenarbeit ist die weitgehende
Kompetenz- und Aufgabendelegation[16]. Dabei übernimmt z. B. ein
Schüler für einen oder mehrere Kameraden die Rolle des Lehrers.
Dieser ist für ein bestimmtes Lernangebot zuständig, kann den Mit-
schülern bei anfallenden Schwierigkeiten helfen und entlastet damit
den Lehrer. Eine Unterrichtsform dieser Art findet man schon in
Reichweins »Helfersystem«, das »auf die Ausbildung und Pflege sozialer Verhaltensweisen wie Solidarität, Kooperationsfähigkeit und
mitmenschliches Verantwortungsgefühl gegründet war«.[17]

Nach Reichwein ist die »didaktische Zurückhaltung [...] bei der Lehrerin die wohl entscheidendste Voraussetzung, um den Schülern ein
selbstgesteuertes Lernen zu ermöglichen.«[18] Nach dem Prinzip der
»minimalen Hilfe«[19] muss sich der Lehrer im Erklären und Helfen
zurücknehmen und nur dann helfen, wenn es nötig ist. Gleichzeitig
muss den Kindern das Gefühl vermittelt werden, dass sie trotz aller
Selbständigkeit und Entscheidungsfreiheit nicht allein gelassen werden.[20]

Die Realisierung einer Seifenwerkstatt

Die Seifenwerkstatt wurde mit den Kindern eines ersten Schuljahrs der Oberwaldschule Selters in den letzten vier Wochen vor den Sommerferien durchgeführt. Dabei handelte es sich um eine Form von Werkstattunterricht, die mit anderen Unterrichtsformen vermischt war, da einzelne Phasen von Instruktionsunterricht eingeschoben wurden. Der Inhalt dieser Lernwerkstatt war thematisch gebunden, denn alle Lernangebote gehörten dem Thema »Meerestiere aus Seife« an. Hierbei fand ein Ausgleich statt zwischen Anregen, Vorschlagen, Helfen einerseits und Ausprobieren, Entdecken, Selbermachen andererseits. Die Dauer für die Seifenwerkstatt war auf vier Wochen angesetzt, wobei in den ersten beiden Wochen in jeweils drei Teileinheiten in der Seifenwerkstatt gearbeitet wurde. In der dritten Woche wurde in zwei Teileinheiten die Ausstellung vorbereitet, und in der vierten Woche wurden die Ergebnisse ausgestellt.

Die Lernangebote und Materialien wiesen einen hohen Anregungsgrad auf, da es sich stets um Alltagsmaterialien (Seife) handelte, die Möglichkeiten zum unmittelbaren, »hand-greiflichen« Umgang boten. Als Selbstkontrolle dienten in den Funktionsbereichen »Formen« und »Schnitzen« die Materialien, mit deren Hilfe in den Explorationsphasen die einzelnen Arbeitsschritte erarbeitet wurden. Neben den Grundaufgaben standen den Kindern verschiedene »Leerangebote« zur Verfügung. Eine Tafel mit unterschiedlichen Meerestieren bzw. deren Abbildungen gab Anregungen dazu, sich selbst eine Aufgabe zu stellen.

Ein geeigneter Raum für die Seifenwerkstatt war der Werkraum, dem eine Küche angegliedert ist und der verschiedene andere Ausweichmöglichkeiten liefert. So wurde der Küche die Funktion der »Seifengießerei« und dem Werkraum die Funktion der »Seifenschnitzerei« und des »Seifenformateliers« zugewiesen. Für die Seifenwerkstatt ergab sich daraus der Vorteil, dass das gesamte Arbeitsmaterial während der Werkstattarbeit dort untergebracht sein konnte. Eine Alternative wäre gewesen, die Lernangebote im Klassenraum zu präsentieren. In diesem Fall wäre es jedoch zu Geruchs- und Platzproblemen gekommen. Im Gegensatz zum Klassenraum konnten die entstehenden Objekte am Ende der Stunde auf den Plätzen liegen bleiben, um am nächsten Tag fertiggestellt zu werden.

Die Lernangebote und Materialien wurden übersichtlich angeordnet und präsentiert. Zur ansprechenden und zugänglichen Darbietung trugen auch die Auftragsschilder bei, die den Erstklässlern mit Hilfe von Bildsymbolen bzw. mittels weniger Worte die einzelnen Arbeitsschritte verdeutlichten. Dabei handelte es sich um mobile Auftragsschilder, die im Verlauf des Werkstattunterrichts ergänzt werden konnten. So wurden in der ersten Teileinheit zunächst anhand dreier Auftragsschilder (Formen eines Fisches, Schnitzen eines Fisches, Gießen eines Fisches) und anhand der Arbeitsmaterialien im Klassenraum die einzelnen Arbeitsschritte erarbeitet. In der anschließenden Objektivierungsphase konnten die Plakate angebracht werden. In der zweiten und dritten Teileinheit wurden diesen jeweils drei weitere Schilder hinzugefügt (Formen einer Muschel, Schnitzen einer Muschel, Gießen einer Muschel bzw. Formen, Schnitzen, Gießen einer Meeresschnecke). Auf diese Weise konnten die Einführungen in die einzelnen Angebote auf mehrere Tage verteilt werden.

Formen von Meerestieren aus Seife

Zur Herstellung von Seifenmasse zum Formen benötigt man Kernseife, extra überfettet. Diese raspelt man, am besten mit einer Küchenmaschine, zu möglichst feinen Seifenflocken. Die Seifenflocken werden nun ca. 1 Minute in der 720-Watt-Mikrowelle erhitzt, vorsichtig umgerührt und ein weiteres mal 1 Minute lang erhitzt. Jetzt sind die Seifenflocken – durch den hohen Fettanteil in der Kernseife – weich geworden. Damit die Seifenmasse auch nach dem Erkalten noch weich und knetbar ist, fügt man den warmen Seifenflocken Wasser, eventuell mit Lebensmittelfarbe versetzt, bei und vermischt und drückt die Masse so lange, bis sie geschmeidig ist. Um die Konsistenz, den Farbton oder den Duft der Seife zu variieren, kann man auch natürliche Materialien wie Weizenmehl, zerkleinerte getrocknete Blumen-, Petersilien- oder Minzeblätter, Kokosnussextrakt, Gewürze, Honig, Zimt, Vanille, Zitrone, Mandel- oder Weizenkeimöl beimengen.

Seife kann man auch als Hautpeeling verwenden. Sie entfernt dann abgestorbene Hautpartikel, massiert die Haut sanft und regt die Durchblutung an. Hierzu fügt man der Seifenmasse fein gemahlene Kokosnuss, Weizenkeime oder Mandeln, feingemahlenen und gerösteten Hafer, sauberen Sand oder Bimssteinpuder bei. Die fertige Seifenmasse kann nun durch Drücken, Stauchen, Rollen, Aneinander- und Aufeinandersetzen, Ritzen u. a. bearbeitet werden. Nach zwei bis drei Tagen ist der Wasseranteil in der Seife verdunstet; die Seife ist hart und kann benutzt werden. In der Seifenwerkstatt wird den Kindern im Verlauf der Werkstattarbeit Seifenmasse in insgesamt sechs verschiedenen Farben (rot, blau, gelb, grün, orange, natur) bereit gestellt. Dazu werden Seifenflocken, mit Lebensmittelfarbe gefärbtes Wasser und Weizenmehl im Verhältnis 8:1:1 gemischt. Diese Zusammensetzung eignet sich gut zum Formen von Meerestieren, wobei die Kinder zunächst durch Rollen einfache geometrische Formen modellieren (Kugel, Ellipsoid, Zylinder) und die so entstandenen Körper durch Stauchen und Drücken verformen. Mit Zahnstochern lassen sich leicht Motive in die Seifenmasse ritzen. Hierbei wird auf außergewöhnliche Duft- oder Farbzusätze verzichtet, da das Interesse dieser Unterrichtseinheit schwerpunktmäßig auf Form und Technik der Darstellung liegt. Meerestiere eignen sich ebenso wie Früchte, Blumen o. a. gut als Motiv, weil die Kinder – ausgehend von einfachen Grundformen – weniger Schwierigkeiten haben und sich auf die Technik konzentrieren können. Ein weiterer Vorteil der Motive Fisch, Muschel und Meeresschnecke bzw. Apfel, Birne, Erdbeere, Sonnenblume usw. ist, dass sie als Seifenformen kompakt und handlich und damit beim Händewaschen praktisch anzuwenden sind.

Schnitzen von Meerestieren aus Seife

Grundsätzlich eignen sich alle Seifen zum Skulptieren. Billige Seifen lassen sich oft besser bearbeiten, weil sie weicher sind als teure. In der Seifenwerkstatt wird den Kindern Glycerin-Seife bereit gestellt, da diese besonders weich ist. So können die Kinder des ersten Schuljahrs ein Spielzeugmesser (ohne Zahnung) aus Kunststoff verwenden, mit dem sich die Seife leicht bearbeiten lässt. Dieses Werkzeug ist zum einen ungefährlich, da es nicht sehr scharf oder spitz ist, zum anderen ist es der Größe einer Kinderhand angepasst und somit für die Kinder problemlos zu handhaben. Unter größtmöglicher Ausnutzung der Gesamtform werden zunächst durch Einritzen mit einem Zahnstocher die wichtigsten Bestandteile des Meerestieres festgelegt. Im zweiten Schritt werden Ecken und Kanten weggeschnitten und somit die Figur grob konturiert. Dabei müssen die hervorstehenden Partien (z. B. Flossen) von Anfang an berücksichtigt werden. Durch Schnitzen und Schaben können nun Feinheiten herausgearbeitet werden. Mit dem Zahnstocher werden schließlich weitere Merkmale des Meerestieres eingeritzt. Lässt man die fertige Seife unverpackt liegen, ist nach ein bis zwei Tagen der Wasseranteil verdunstet; die Seife ist hart und kann benutzt werden. Durch die vorgegebene Größe der Glycerin-Seife ist schon von vornherein eine für Kinder handgerechte und griffige Seifenform gewährleistet, da das für Erwachsenenhände bestimmte Seifenstück durch Schneiden, Schaben, Schnitzen usw. verkleinert und für Kinderhände passend wird. Dabei muss allerdings darauf geachtet werden, dass die Seife nicht zu klein wird.»Beim abtragenden Verfahren ist die Endgültigkeit der eigenen Gestaltung eine Grunderfahrung, die den Kindern (in Zeiten der ›Delete‹- bzw. ›Alt-Backspace‹-Taste auf der PC-Tastatur) deutlich bewusst wird. Abgebrochene Teile können nicht mehr angeklebt werden.«[21]

Gießen von Meerestieren aus Seife

Zum Gießen von Seife benötigt man Rohseife, die speziell zum Seifengießen im Fachhandel erhältlich ist. Für die Seifenwerkstatt eignet sich besonders ein Fabrikat der Firma *prandell creative hobbies*, das mit Kokosnussöl, anderen pflanzlichen Ölen und Vitamin E angereichert ist. Die Seife ist ungiftig, und bei ihrer Herstellung wurde auf tierische Nebenprodukte sowie Erzeugnisse aus Tierversuchen verzichtet. Man braucht außerdem Seifenfarbe und -duft, die es von der gleichen Firma in unterschiedlichen Abstufungen gibt, und die untereinander auch mischbar sind. Ebenfalls von *prandell creative hobbies* gibt es ein großes Gießformen-Sortiment. Diese Gießformen bestehen aus hochwertigem PVC und sind somit sehr robust. Von dem Seifenblock schneidet man dünne Streifen von ca. 3-4 mm ab, damit die Seife schnell und leicht schmilzt. Die Streifen werden in einer Tasse o. ä. für ca. 1 Minute in der Mikrowelle erhitzt, bis sie geschmolzen sind. Jetzt gibt man der flüssigen Seife dünne Späne Färbemittel hinzu und rührt z. B. mit einem Schaschlikspieß solange, bis der gewünschte Farbton erreicht ist. Vom Seifenduft fügt man der Seifenmasse die Menge bei, die die gewünschte Duftnote erzielt.

Nun gießt man die Seifenmasse in die Form. Bevor die fertige Seife entformt werden kann, muss sie ganz auskühlen und hart werden. In der Seifenwerkstatt sind für das Gießen von Meerestieren aus Seife die Gießformen»Meerestiere« der Firma *prandell creative hobbies* ideal. Hiermit lassen sich neben Fischen, Muschel und Meeresschnecke zusätzlich vier andere Motive herstellen. Die fertigen Seifenstücke wiegen jeweils ca. 50 Gramm. Sie sind mit einer durchschnittlichen Größe von etwa 4 x 6 cm und mit einer Dicke von nur

1-2 cm der Kinderhand angepasst und damit für die Kinder beim Händewaschen praktisch anzuwenden.

Wenn die Kinder die Technik des Seifengießens beherrschen, gibt es vielfältige Alternativen:

So können beispielsweise die Gießformen selber hergestellt werden. Zu diesem Zweck eignen sich Meerestiere gut als Modell. Von Muscheln, Meeresschnecken o. a. lässt sich zunächst eine Negativform aus Gips anfertigen, mit deren Hilfe dann beliebig viele Abgüsse erzeugt werden können. Eine andere Möglichkeit ist die Herstellung doppelseitiger Seife, wofür man eine Gießform mit mindestens einer Symmetrieachse benötigt. Hierbei wird nach der gewohnten Methode ein Seifenstück angefertigt. In die gleiche Form gießt man wieder flüssige Seife und setzt sofort das bereits harte Stück mit der Rückseite in die flüssige Seife. Damit die beiden Teile fest aneinander haften, drückt man das harte Stück vorsichtig an, wobei eine kleine Menge flüssiger Seife herausgedrückt wird. Es lassen sich auch marmorierte Seifen herstellen, indem man von zwei unterschiedlich gefärbten Seifenstücken dünne Scheiben abschabt und mischt, Rohseife zum Schmelzen bringt und die gemischten Farbstreifen der Masse hinzufügt. Dann gießt man die Mischung in eine Form, ohne sie vorher umzurühren.

Möchte man seine Seife immer bei sich tragen, um sich jederzeit die Hände waschen zu können, so lässt sich die Seife zum Umhängen gestalten. Dazu schneidet man ca. 20-25 cm weiches Nylonband ab und bindet die Enden zusammen. Sofort nach Eingießen in die Form legt man das gebundene Bandende in die flüssige Seife und lässt es darin fest werden.

Fazit

Der Praxisversuch hat gezeigt, dass sich eine Seifenwerkstatt mit den Kindern des ersten Schuljahrs realisieren lässt. Durch verstärktes Aufmuntern zum Selbermachen, Ausprobieren und Forschen wurde die Verantwortung für die eigene Arbeit zunehmend größer. Die Kinder nahmen die Gelegenheit zu konstruktivem Tun, freiem Experimentieren und freiem Ausdruck gern und intensiv wahr. Dies spiegelte sich sowohl in einer hohen Leistungsbereitschaft und Lernmotivation als auch in den Ergebnissen der künstlerischen Arbeit wieder.

Anmerkungen

1 Vgl. *Pallasch/Reimers* 1997, S. 85
2 Vgl. *Reichen* 1991, S. 64
3 Vgl. *Weber* 1998, S. 9
4 Vgl. *Lambrich/Daumen* 1993, S. 135
5 Vgl. *Kasper/Müller-Naendrup* 1992, S. 9f.
6 Vgl. *Reichen* 1991, S. 66
7 *Schönknecht* 1993, S. 35
8 Vgl. *Reichen* 1991, S. 66
9 Vgl. ebd., S. 67
10 Vgl. *Kasper/Müller-Naendrup* 1992, S. 9
11 *Meier* 1996, S. 35
12 Vgl. *Schönknecht* 1993, S. 34
13 Vgl. *Reichen* 1991, S. 71
14 Ebd., S. 72
15 Vgl. ebd.
16 Vgl. ebd. 1991, S. 73
17 *Amlung* 1999b, S. 58
18 *Reichen* 1991, S. 82
19 Vgl. ebd., S. 83
20 Vgl. *Reichen* 1991, S. 47f.
21 *Vogt* 1988, S. 10

2.3.2 Lernwerkstatt Kartoffel

Beate Horn

Ein herbstliches Panorama – Blätter tanzen im Wind, die Sonne lässt ihre wärmenden Strahlen rar werden, die Kühle des Tages kriecht unter den Anorak. Lisa und Chris spüren dies nicht. Die Augen fest auf den Boden gerichtet, stapfen ihre Gummistiefel zielgerichtet über das Feld. Ihre ganze Aufmerksamkeit gilt der braunen Erdfrucht, die unter der Erdoberfläche herangereift ist. Und was gibt es in diesen Augenblicken Erfüllenderes, als Knolle für Knolle ans Tageslicht zu holen und über die wachsende Menge der geernteten Früchte zu staunen? Gleichwie die Kartoffel Lisas und Chris' ganzes Interesse beansprucht, so wird dieses Gewächs auch in den folgenden Überlegungen stehen, nicht losgelöst, sondern eingebettet in das Konzept des Lernwerkstattgedankens. Fest steht, dass eine einheitliche Prägung der Lernwerkstatt nicht besteht, sondern sich in Planung und Realisation nuancenreicher, situativer Ausformungen bedient. Trotz ihrer Vielgestaltigkeit im Einzelnen sind konzeptionelle Grundgedanken im Ganzen unübersehbar: »Die Pädagogische Werkstatt« stellt sich als »eine Lern- und Arbeitsstätte« dar, »in der man in eigener Verantwortung bei Ausschöpfung der eigenen Fähigkeiten und Fertigkeiten alleine oder zusammen mit anderen unter zeitweiser Anleitung sich mit etwas Neuem vertraut macht oder an der Lösung einer Problemstellung arbeitet. Sie versteht sich als experimenteller Freiraum für das Lernen und Arbeiten in eigener Verantwortung und Selbstbestimmung.[1]

Worüber sich Lisa und Chris aus der eingangs eingeblendeten Momentaufnahme austauschen? Überlassen wir Einzelheiten dem Gespräch der beiden Kinder. Konsens besteht jedoch darüber, dass ihrer Unterhaltung eine thematische Vorgabe zu Grunde liegt, nämlich die des Naturprodukts Kartoffel. Das Feld der Lernwerkstatt wird mit dieser Erdfrucht bestellt. Etwas Alltägliches, etwas Gewöhnliches assoziieren wir zunächst mit ihr, doch bei vertiefender Betrachtung wird uns die Renaissance dieses Nahrungsmittels bewusst. Und was liegt in diesem Zusammenhang näher, als diese alte, neue Frucht in das aktuelle Konzept der Lernwerkstatt zu integrieren?

In Gedenken an den 100. Geburtstag Adolf Reichweins, der sich um wegweisende pädagogische Impulse verdient gemacht hat, nahm die Idee der Werkstatt konkrete Gestalt an und präsentierte sich im November 1998 im Gebäude des Studienseminars Westerburg/Westerwald. Hierbei stellte sich der begrenzende Faktor der Zeit – es wurden noch weitere Programmpunkte geboten – als Regulativ dafür heraus, dass sich das Interesse der Besucher weniger auf intensive handwerkliche Aktivitäten beziehen konnte, als vielmehr Informationen einzuholen, Sachverhalte auszutauschen und in Analogie zu der Sortenvielfalt der Kartoffel über die vielfältigen Möglichkeiten zu staunen, den gewählten Themenkreis fächerübergreifend aufzubereiten. Selbstverständlich wohnt der Lernwerkstatt als Ideenbörse[2] für Arbeitsmaterialien ein Aufforderungsimpuls inne, der seine uneingeschränkte Berechtigung hat. Allerdings muss davor gewarnt werden, sich das didaktisch aufbereitete Anregungspotential in Form von Arbeits- und Kopiervorlagen sowie sonstigen Materialien anzueignen, ohne auf ihre Eignung mit Blick auf die spezifische Adressatengruppe überprüft zu haben. Ihre Ausstrahlung entwickelt die Lernwerkstatt, wenn es gelingt, unterschiedliche Medien kennen zu lernen, nach ihrer didaktischen Passung in bestimmten Lernprozessen zu fragen, Materialbeschaffenheiten zu prüfen und ihren

Aufforderungsanspruch hinsichtlich Selbsttätigkeit, Selbstkontrolle, Differenzierung oder Initiierung von Sozialformen zu begutachten, was insgesamt nicht nur visuell realisierbar ist.[3] Welches Spektrum wurde in Westerburg dargeboten? Gewinnen wir einen Einblick! Unter dem Motiv »Die Kartoffel – eine Pflanze macht Karriere« wurden die Besucher durch die Werkstatt geleitet, wobei Wegweiser den Themenkomplex strukturierten, die da hießen:

- Ein Erdbewohner stellt sich vor – Aufbau einer Kartoffelpflanze
- Die Kartoffel – eine Reisende durch die Zeit
- Die Kartoffelernte früher und heute
- Kartoffelsorten, -anbau, -lagerung
- Eine sorgfältig behütete Knolle – Schädlingsbekämpfung
- Ein starkes Stück – Versuche rund um die Knolle
- Mit der Knolle lässt sich rechnen
- Kunst mit der Kartoffel
- Schreibspaß rund um die Erdfrucht (Bildbetrachtung, Quiz, Gedichte, Rollenspiel, Fremdsprachenintegration)
- Spiele, Lieder rund um die Kartoffel
- Die Kartoffel beim Erntedankfest
- So ein leckeres (Erd-)Früchtchen – Köstliche Rezepte rund um die Kartoffel
- Eine Knolle mit vielen Gesichtern – Kartoffelverarbeitung
- … und noch mehr Wissenswertes über die Erdfrucht

Diese Aufzählung gewährt dem Leser eine erste Annäherung in die fächerübergreifende Anordnung der einzelnen Sequenzen, deren Inhalte für zukünftiges Arbeiten als »mobile« Werkstatt in einem Ordner zusammengestellt sind. Da die Lebenswirklichkeit sich als ein vielfach vernetztes Gefüge präsentiert, liegen hierin die Legitimation und zugleich das Plädoyer dafür, Kindern und Erwachsenen über Fachgrenzen hinweg korrelierende Strukturen transparent zu machen. Dass der Teilnehmer so manche ungeahnte Neuigkeiten und Zusammenhänge zu Tage befördern vermag, kann eine persönliche Bereicherung sein. Auf positives Echo stieß am Besuchertag die Möglichkeit, die Thematik mit technischem Know-how auditiv und visuell zu vertiefen. Neben einem bereitgestellten Videofilm wurde eine selbst produzierte Diashow mittels eines Überblendprojektors vorgeführt, wobei die Fotos ebenfalls als abrufbare Bilder auf eine CD-ROM gebrannt wurden. Überdies konnte die Gelegenheit wahrgenommen werden, eine ins Internet eingespeiste Sendung des Bayerischen Schulfernsehens offline auf dem Computer – der Sendeinhalt war auf der lokalen Festplatte gespeichert – abzurufen.

Es ist anzunehmen, dass Adolf Reichwein – könnten wir ihn heute noch fragen – den gebotenen erfahrungsoffenen Lernformen seine Zustimmung geben würde, denn der Lernwerkstattgedanke basiert nicht zuletzt auf seinen pädagogischen Akzentsetzungen.

»Eine ›lebendige Schule‹ hat die Aufgabe, am ›Gewebe einer neuen Zeit‹ mitzuwirken« (Zitiert nach: Meyer, P.: Adolf Reichwein, S. 10). Wirft dieser Satz nicht seine Strahlen in unsere Zeit hinein?

Reichwein, der seine Pädagogik in seiner einklassigen Landschule in Tiefensee in der Nähe Berlins vorgelebt hat, gestaltete seine Schule als eine »›Schule der Tat‹. Über sinnliche Erfahrung, konkrete Sachbegegnung, tatsächliches Be-greifen, handwerklich-praktische Arbeit ... soll ein ›Wissensgefüge‹ erworben werden, das nicht wie ein ›toter Besitz‹ wieder abgelegt oder verloren gehen kann.«[4]

Auch die Lernwerkstatt arbeitet mit an dieser Lebendigkeit. Sie zieht keinen Zaun um ihr Feld, sondern steht offen für weitere stimulierende didaktisch-methodische Umsetzungen. Die Kartoffel hat uns auf den Geschmack gebracht. Das Feld steht in unser aller weiteren verantwortlichen Bearbeitung. Lisa und Chris haben bereits damit angefangen. Adolf Reichwein hätte die Kinder begleitet. Und Sie?

Im Folgenden werden einige Unterrichtshilfen für die eigene Praxis angegeben:

CMA Centrale Marketing-Gesellschaft der deutschen Agrarwirtschaft (mbH), D-53133 Bonn.

Hierüber sind diverse Broschüren und Poster zu beziehen.

Das Kartoffelmuseum – eine Einrichtung der Stiftung Otto Eckart, Grafinger Straße 2, 81671 München, Tel.: 0 89-40 40 50. Das Museum zeigt eine lohnenswerte Zusammenstellung rund um das Thema Kartoffel. Eintritt kostenlos.

Euro Video Bildprogramm GmbH, 85737 Ismaning: Die Kartoffel – Goldene Frucht der Erde.

Informationen und Produkte deutscher Hersteller für Kartoffelgerichte und -knabbergebäck.

Laterre, Sabine; Naber, Annerose: Das kreative Sachbuch »Kartoffel«. Dietzenbach 1996.

Mozer, Hans: Die Kartoffel – eine köstliche Knolle. Berlin 1989.

Willmerok, Sabine; Rösgen, Anja: Die Kartoffelwerkstatt. Mülheim an der Ruhr 1998.

Abb. 8: Fleißige Hände bedrucken mit Kartoffeln Briefpapier und Grußkarten (schulische Arbeit).

Abb. 9: Einblicke in die Kartoffel-Lernwerkstatt. 2. v. r.: Wolfgang Klafki.

Anmerkungen

1 *Pallasch/Reimers* 1997, S. 132
2 Vgl. *Kohls* 1992, S. 31f. und S. 37
3 Vgl. ebd., S. 31
4 Zit. nach Meyer 1988, S. 8

2.3.3 Lernwerkstatt Natur in der Schule (NATIS)

Anne Müller, Michael Suchan und Franz-Bernhard Zeis

Der Lernwerkstattzweig »Natur in der Schule« (NATIS) als kooperative Lernwerkstatt des Adolf-Reichwein-Studienseminars Westerburg und der Grundschule Girod eröffnet seinen Besucherinnen und Besuchern seit Anfang des Jahres 1999 grundschulgemäße, konkrete Handlungsmöglichkeiten zu den Lernbereichen »Wald und Garten«. Ein besonderes Anliegen ist es den Initiatoren von NATIS, Lernerlebnisse in den Klassen 1 bis 4 anzubieten und praktisch zu erproben. Hierbei fließen Erfahrungen des Schulkollegiums und Rückmeldungen aus der unterrichtspraktischen Umsetzung ein. Folgende Bereiche kann NATIS im Schulgebäude und auf dem Schulgelände der Grundschule Girod bieten:

- Werkstattraum mit themenbezogener Bibliothek (auch für die Hand des Schülers) sowie Lehr- und Lernmitteln
- Schulgarten mit Hochbeeten und Gartenhaus
- Schmetterlingsbeet
- Feuchtbiotop
- Baumlehrpfad
- Gartenarche mit Trockenmauer
- Nistkästen für Höhlenbrüter und Fledermäuse.

Durch die originale Begegnung mit Pflanzen und Tieren sowie eigene Aktivitäten sollen die Kinder zum Nachdenken über Vorgänge innerhalb der Natur angeregt werden. Die Erfahrungen der beteiligten Lehrkräfte haben gezeigt, dass viele Kinder auf der einen Seite ein erstaunliches technisches Vorwissen mit in den Schulalltag einbringen, andererseits aber viele natürliche Grunderfahrungen kaum ausgeprägt sind. Bedingt durch ein weitgehend aus »zweiter Hand« erworbenes Wissen scheint der emotionale Bezug zu den durchaus spannend ablaufenden Vorgängen in der Natur stellenweise »verschüttet« zu sein. Dies trifft aber nicht nur auf viele Schüler, sondern auch auf eine immer größer werdende Zahl von Erwachsenen zu. Adolf Reichwein schrieb 1937: »Da wir heute schon wieder jenseits des Irrglaubens leben, daß Technik eine Befreiung von der Natur sein und Erfindung die Empfindung ersetzen könnte, wissen wir, daß die Technik des ländlichen Lebens niemals den Bindungen des Natürlichen entfliehen darf, weil sie auf die Dauer nicht entfliehen kann. Wir denken nur richtig, wenn wir innerhalb der uns aufgegebenen Sache denken. Und diese große Sache ist für uns auf dem Lande, unmittelbarer und dringender als für die Menschen in der Stadt, das Verhalten der Natur. Sie ist uns nicht erkennbar, aber in Grenzen deutbar. Mit ihr gemeinsam zu leben, ist unser Schicksal. Leben wir gegen sie, so läßt die Rache, trotz Maschine und künstlichem Dünger, trotz durchdachtester Kiefernforstung, nicht auf sich warten. Reizen wir die Natur zur Gegenwehr, so unterliegen wir immer.«[1]

In diesem Sinne Reichweins stellt sich NATIS die Aufgabe, den Kindern die unmittelbare Begegnung mit der Natur zu ermöglichen, natürliche Zusammenhänge zu erkennen und daraus den Schutz der uns anvertrauten Natur anzubahnen. Dies kann nur durch eine möglichst originale Begegnung mit vielen schulischen und außerschulischen Lernorten erreicht werden. Aus diesem Grund entstanden und entstehen an der Schule Biotope, in denen Natur vor Ort beobachtet, untersucht und handelnd erfahrbar wird.

Allerdings sollte nicht unerwähnt bleiben, dass es mit der Schaffung von »schulischen Lernbiotopen« alleine nicht getan ist. Alle Biotope sind künstlich angelegt und bedürfen intensiver Pflege – das ganze Jahr über. Lernorte sind oft schnell geschaffen, wenn sie aber danach vernachlässigt werden, würde die eigentliche Intention verfehlt.

Schulgarten

Mit den Schülern im »eigenen« Garten zu arbeiten, ist nicht verlorene Unterrichtszeit, wie einige Kritiker meinen, sondern »Naturlehre« und Umwelterziehung im besten Sinne: Lernen, die Natur als Partner zu erleben und zu behandeln. Hierbei steht nicht primär das Ziel im Vordergrund, eine möglichst rasche und üppige Ernte anzustreben, sondern der handelnde Umgang mit einem Stück Erde, das sich den jungen Gärtnern im Jahreskreis ganz verschieden präsentiert.

Der Schulgarten ist auf die Bedürfnisse von Grundschulkindern abgestimmt: Plattenwege erlauben auch ein Arbeiten bei feuchter Witterung, Hochbeete mit der Breite von etwa einem Meter kommen bei der Pflege den Kindern entgegen. Die notwendigen Gartengeräte sind in einem angrenzenden Gartenhaus untergebracht.

Schmetterlingsbeet

Eigentlicher Auslöser für den Bau des Schmetterlingsbeetes war eine Klassenwanderung, auf der viele Schmetterlinge beobachtet werden konnten. Bewunderung, Staunen und nicht zuletzt viele Fragen regten sich spontan bei den Kindern. Dieses Naturphänomen am Wegesrand motivierte Schüler und Lehrer in gleicher Weise, sich einmal genauer damit zu beschäftigen. Ging es zunächst noch um Bestimmung und Entwicklung der gesehenen Schmetterlinge, so folgte danach die aktive Phase: Nicht nur umweltbewusst denken, sondern vor allem handeln, stand im Mittelpunkt der Überlegungen.

Angeregt durch den jährlichen Wettbewerb der Kreissparkasse »Nachbar Natur« entstand auf der Schulwiese ein spezielles Schmetterlingsbeet, das dank der Mithilfe von Eltern angelegt werden konnte.

Dieses Beet bietet auf der Schulwiese vielen heimischen Faltern einen speziellen Lebensraum, auf dem die zur Entwicklung der Schmetterlinge notwendigen Blütenstauden angepflanzt wurden. Dadurch ist es in den Sommermonaten durchaus möglich, den »Kleinen Fuchs« oder das »Tagpfauenauge« vor Ort zu beobachten. Dass diese Form des Lernens allen Beteiligten mehr Spaß macht als die übliche Beschäftigung mit Lebewesen in Form des Durcharbeitens von Büchern oder das Anschauen von Bildtafeln, dürfte klar sein.

Feuchtbiotop

Schon seit geraumer Zeit existiert am Rande des Schulgeländes, zum Sportplatz hin, ein Feuchtbiotop. Hier können viele Inhalte des Sachunterrichts auf anschauliche, direkte Art vermittelt werden: Vom Froschlaich über Kaulquappen bis hin zur vollständigen Entwicklung von Grasfröschen verfolgen Schüler mit ihren Lehrern exemplarisch die Metamorphose in der Tierwelt. Daneben kann man an warmen Tagen auch Libellen, Wasserläufer und sogar Teichmolche beobachten. Aber auch die typischen Pflanzen feuchter Standorte, u.a. Sumpfdotterblume, Teichrose, Wasserschwertlilie, Breitblättriger Rohrkolben, sind selbstverständlich dort angesiedelt. Ein Schutzzaun hilft mit, »Störungen« von außen so gering wie möglich zu halten.

Gartenarche

In einer Arche überlebten alle Tierarten die Katastrophe der Sintflut. So wie die Arche Noah für sie eine Wohnung war, so kann die vielfältig ausgestattete »Gartenarche« zum Lebensraum, Nistort oder Unterschlupf für viele heimische Tierarten werden. Die Gartenarche in NATIS ist also nichts anderes als ein kleiner Schuppen, der mit ein paar Besonderheiten ausgestattet ist:

- ein Lehmgeflecht und Nisthölzer mit Bohrungen dienen vielen Insekten als Nisthilfe
- Baumscheiben, Äste und Reisighaufen beherbergen das ganze Artenspektrum von der Streuschicht des Waldes bis zu Kleinsäugern (Igel), die die Lager als Winterquartier benutzen
- Eine Trockenmauer lockt Eidechsen an
- Blumentöpfe mit Holzwolle werden von Ohrwürmern genutzt
- die Seitenwände der Arche sind von wildem Hopfen und Wein bewachsen.

Nach einem herben Rückschlag – unsere Arche wurde von Kindern bzw. Jugendlichen in Brand gesetzt – entsteht zur Zeit eine neue Gartenarche an einem sonnigen und windgeschützten Standort, an der Peripherie des Schulgeländes, wobei die Anbindung an eine vorhandene Wildwiese bzw. ein Feldgehölz gegeben ist. Die Abgrenzung zu einem Feldweg bildet eine Trockenmauer aus hiesigen Basaltsteinen. Dieses besondere Biotop entsteht unter Mitwirkung von Schülern, Eltern und einem ortsansässigen Handwerksbetrieb.

Projektorientierte Seminartage in NATIS

Seminartage in NATIS wenden sich an Lehramtsanwärter des Studienseminars, Mentoren, Fachleiter und interessierte Kollegen. Zwei Lehramtsanwärterinnen schildern einen Seminartag wie folgt:

»Unser Seminartag in NATIS stand unter dem Thema ›Rund ums Schulhaus – Natur erleben in Wald und Flur‹. In Gruppen wählten wir zwischen verschiedenen Angeboten zum kreativen Schreiben einen Schreibanlass in der Natur aus. Dabei lernten wir verschiedene Herangehensweisen kennen, Kinder durch gezielt Schreibanlässe die Natur ›rund ums Schulhaus‹ beobachten zu lassen und ihre Aufmerksamkeit auf diese Weise für Abläufe in der sie umgebenden Natur zu gewinnen.

Am frühen Nachmittag machten wir uns dann auf den Weg zu einer Natur-Erlebnis-Wanderung, die uns vom Schulhaus weg in den nahegelegenen Wald führte. Ausgestattet mit einer ›Findeliste‹ und dem Auftrag, Gegenstände wie Volgelfeder, Fichtenzapfen, Früchte etc. zu sammeln, einer Tragetasche für herumliegenden Müll, Becherlupen und kleinen Bestimmungstafeln starteten wir unsere Wanderung. Dabei konnten wir eine Menge Ideen und Anregungen gewinnen, wie Kinder mit allen Sinnen Natur erleben können. Besonders interessant und gewinnbringend waren unsere persönlichen Eindrücke, die uns durch die Organisation der Wanderung ermöglicht wurden. Speziell faszinierte uns, wie unsicher und hilflos man sich in der ungewohnten Umgebung Wald fühlt, wenn ein Sinn wie z.b. das Sehen ausgeschaltet ist. Einige der an diesem Seminartag gewonnenen Ideen haben wir bereits mit unseren Schülern in die Tat umgesetzt, sowohl für uns als auch für die Schüler war dies ein erkenntnisreiches Erlebnis.«

Anmerkungen

1 *Reichwein* 1993, S. 50

2.3.4 Lernwerkstatt Englisch

Otto Lindemer, Carmen Schulz, Karen Harding, Marion Graf, Alexandra Link-Lichlus, Sonja Treidel, Melanie Weiß und Lydia Wagner

Der thematische Rahmen für einen projektorientierten Seminartag am Adolf-Reichwein-Studienseminar Westerburg hieß »Fächer- und jahrgangsübergreifendes Arbeiten in der Grundschule im Bereich der Grundschulerziehung«. Im Rahmen des integrativen Fremdsprachenunterrichts entschied sich die Seminargruppe, die überwiegend Anwärter mit Englisch oder Französisch umfasste, für das Thema:

»Bildunterstützte Hörsequenzen zum Einsatz im integrativen Fremdsprachenunterricht an der Grundschule«. Bei der Frage des Medieneinsatzes einigte sich die Projektgruppe darauf, die zum Ein-

satz kommenden Medien so weit wie möglich selbst herzustellen.
Hintergrund für diese Entscheidung war die Erfahrung, die wohl jeder Schulpraktiker in der einen oder anderen Weise schon einmal
gemacht hat: So nützlich das Medienangebot von Verlagen in der Re-
gel auch ist, kann es doch bei der Umsetzung nur selten auf eine bestimmte Klassensituation passgenau zielen oder den jeweiligen Intentionen in hinreichendem Maße genügen. Dennoch bieten sie in
vielen Fällen durchaus Anregung zum Weiterdenken und Umgestal-
ten.

Bei den zu erstellenden Medien ging es nun darum, den Anforderungen der Fremdsprachendidaktik ebenso zu genügen wie der Verbindung mit der Umwelterziehung Rechnung zu tragen.

Beim integrativen Fremdsprachenunterricht nach dem rheinland-
pfälzischen Modell wird Wert darauf gelegt, die Zielsprache in den
Themenkanon des sonstigen Unterrichts einfließen zu lassen und sie
nicht völlig losgelöst von den anderen Fächern zu lehren. Nach dieser Vorstellung ist integrativer Fremdsprachenunterricht an der
Grundschule kein bilingualer Unterricht. Fachvokabular in der Zielsprache hat hier nur begrenzt Platz, z.B. dann, wenn Kinder direkt
danach fragen. Die Projektgruppe beschloss, auf Fachvokabular aus
dem Bereich der Umwelterziehung weitestgehend zu verzichten, die
situative Einbettung der zu erarbeitenden Medien sollte aber dennoch in erster Linie dem Fragen- und Problemkreis Umwelt entstammen. Daraufhin bildeten sich drei Arbeitsgemeinschaften, die
sich mit folgenden Themen befassten:

- The frog family – ein Hörspiel nach einer Bildergeschichte mit
  musikalischer Unterfütterung
- Bon appétit, Monsieur Lapin – ein Hörspiel nach einem Bilderbuch
- Herstellung von Bildkarten und einem Spiel zum Vokabeltraining
  im integrierten Englischunterricht

Arbeitsgruppenübergreifend wurden die Hörspiele gemeinsam aufgenommen. Es wurde ein Lied zusammen einstudiert, Ideen wurden
ausgetauscht. Dabei kamen Musikinstrumente, Geräuschaufnahmen
von verschiedenen CDs und das schauspielerische Talent der Teilnehmer zum Einsatz.

Die Ergebnisse wurden anschließend in den Räumen des Studienseminars (Lernwerkstatt) einer interessierten Öffentlichkeit vorgestellt.

Verwendete Literatur zur Erstellung der Hörspiele:

Baake, Sigrid/Kohn, Eva-May u. a.: Keystones Activity – Book 1, Arbeitsheft für den frühbeginnenden Englischunterricht. Frankfurt/M. 1998.

Baake, Sigrid/Kohn, Eva-May u. a.: Keystones Activity – Book 1, Kommentare und Kopiervorlagen. Frankfurt/M. 1998.

Boujon, Claude: Bon appétit, Monsieur Lapin! Paris 1985.

Integrierte Fremdsprachenarbeit in der Grundschule – Abschlussbericht. Saarburg 1995.

Integrierte Fremdsprachenarbeit in der Grundschule – Eine Standortbestimmung. Saarburg 1998.

Phillips, Sarah: Young Learners, Oxford 1993.

Reilly, Vanessa/Ward, Sheila M.: Very Young Learners. Oxford 1995.

Wright, Andrew: Storytelling with Children. Oxford 1995.

Zum Einsatz des Hörspiels im Unterricht

Beispiel 1 : The Frog Family

Hier ergeben sich verschiedene Möglichkeiten:

1) Die Kassette kann den Kindern ähnlich eines Storytellings als Hörspiel vorgespielt werden. Zur Untermalung und Unterstützung der inhaltlichen Erfassung können hierbei Haftelemente für die Tafel (leicht selber herzustellen) mit den Hauptmotiven der Geschichte dienen: die einzelnen Mitglieder der **frog family, pond, lilypad, sun.** Diese können dann während des Abspielens der Kassette an den entsprechenden Stellen angebracht und immer wieder verschoben werden. Die Haftelemente als visuelle Darstellung der sequenziellen Handlungsabläufe begleiten und vertiefen also die akustische Wahrnehmung. Die Kinder werden somit über verschiedene Kanäle angesprochen, was die inhaltliche Erschließung erleichtert.

Nach einem »Schnupperdurchgang«, bei dem die Lehrerin die Aktionen an der Tafel durchführt, können die Schüler selber die Haftelemente an der Tafel hin und her bewegen. Hier wird die

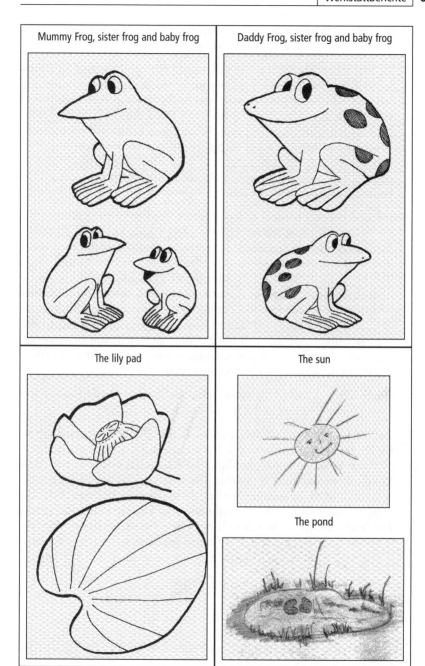

Mummy Frog, sister frog and baby frog

Daddy Frog, sister frog and baby frog

The lily pad

The sun

The pond

Geschichte zusätzlich zum akustischen und visuellen Kanal auch (minimal) handelnd durchdrungen.

Zu bedenken bleibt, dass bei dieser Möglichkeit immer nur einige wenige Kinder aktiv werden und der Rest der Klasse in der Zuschauer- und Rezipientenrolle verbleibt. Statt der Haftelemente können auch aus Vorlagen gebastelte Stabfiguren eingesetzt werden. Gleichzeitig zum Hörspiel können die Schüler die Geschichte also dann mit Hilfe der Pappfiguren darstellend spielen. Werden die Vorlagen verkleinert und aus schwarzem Papier hergestellt, kann die Geschichte auch auf dem Overheadprojektor als kleines Schattenspiel vorgeführt werden.

2) Nach einem »Hördurchgang« können die Schüler die Geschichte als Rollenspiel ausführen. Hier begleiten also konkrete Aktionen das Hörverstehen. In einem Unterrichtsgespräch können Lehrer und Schüler zuvor gemeinsam überlegen, welche Handlungen den Sinn der Geschichte wiedergeben und verdeutlichen. Zu einem späteren Zeitpunkt könnten eventuell auch verschiedene Gruppen ihr zuvor in der Gruppenarbeit erarbeitetes Rollenspiel dem Rest der Klasse vorführen. Dies erfordert bereits ein gewisses Sprachvermögen, weil die Schüler sich hier von dem vorgegebenen Text lösen müssen/können und ihren eigenen Wortschatz in Ansätzen produktiv anwenden.

3) Die Schüler erhalten die Geschichte der frog family in Form einer unsortierten Bildergeschichte.

Der Arbeitsauftrag lautet zunächst die Bilder auszuschneiden (Arbeitsaufträge können in Englisch formuliert werden) und diese dann anschließend, parallel zum Abspielen des Hörspiels, der Reihenfolge nach zu sortieren. Diese Möglichkeit bietet sich besonders für diese Geschichte an, da sie sequenziell verläuft. Die Schüler müssen bei dieser Aufgabe sehr konzentriert und genau zuhören, um die Bilder richtig ordnen zu können. Diese Möglichkeit der Bearbeitung kann auch in Freiarbeitsstunden eingesetzt werden. Die Kinder hören die Kassette hier über den Walkman.

The frog Family

Frei nach «The Frog Family» aus «Young Learners» von Sarah Phillips.

Participants:

Daddy frog, Mommy frog, Sister frog, Brother frog, Baby frog, Frog Family

(Music) **The frog Family** *(music)*

This is the story about Daddy frog »ribbit«, Mommy frog »ribbit«, Sister frog »ribbit«, Brother frog »ribbit«, and Baby frog »ribbit«. »Ribbit, ribbit, ribbit«.

There is a pond. Look at the beautiful water lily. It is pink. Look at the lily pad. It is big. And it is green. The sun is shining. The frog family is sitting at the pond.

Daddy frog says: »I'm hot. Very, very hot, ribbit!« And Daddy frog goes jump, jump, jump (Jumping Sounds) and sits on the lily pad in the pond. (Water Sounds) Mommy frog says: »I'm hot. Very, very hot, ribbit!« And Daddy frog says: »Come here, ribbit!« And Mommy frog goes jump, jump, jump (Jumping Sounds) and sits on the lily pad in the pond. (Water Sounds) »Hello Mommy frog«, says Daddy frog. Sister frog says: »I'm hot. Very, very hot, ribbit!« And Daddy frog and Mommy frog say: »Come here, ribbit!« And Sister frog goes jump, jump, jump (Jumping Sounds) and sits on the lily pad in the pond. (Water Sounds) »Hello Sister frog, ribbit«, say Daddy frog and Mommy frog. Now Brother frog says: »I'm hot. Very, very hot, ribbit!« And Daddy frog, Mommy frog and Sister frog say: »Come here, ribbit!« Brother frog goes jump, jump, jump (Jumping Sounds) and he sits on the lily pad in the pond. (Water Sounds) »Hello Brother frog, ribbit«, say Daddy frog, Mommy frog and Sister frog. At last Baby frog says: »I'm hot. Very, very hot, ribbit!« And Daddy frog, Mommy frog, Sister frog and Brother frog say: »Come here, ribbit!« Baby frog goes jump, jump, jump (Jumping Sounds) and sits on the lily pad in the pond. (Water Sounds) And what happenes now? The lily pad with Daddy frog, Mommy frog, Sister frog, Brother frog and Baby frog wiggles back and forth and back and forth ... And suddenly «SPLASH« (loud Water Sounds) and they all fall into the water. *(music)*

Lied: Frog in love

Das Lied kann zum Abschluss der Einheit »The frog family« mit den Kindern eingeübt werden. Die Teilnehmer haben dieses Lied am projektorientierten Seminartag einstudiert und dann mit Gitarrenbegleitung auf Tonband aufgenommen.

Chorus:
One jump. two jumps, three jumps, four
five jumps, six jumps, seven jumps, more
Lets rock around the pond tonight
We will jump up high when the moon shines bright
Go ribbit, ribbit, round the pond tonight

1.
Splish, splash green girl
Jump round to me
You're the loveliest frog
That ever will be
Oh, oh, oh, ribbit
I love you so

2.
Splish, splash green girl
Jump round to me
You're the biggest frog
That ever will be
Oh, oh, oh, ribbit
I love you so

3.
Splish, splash green girl
Jump round to me
You're the sweetest mummy

That ever will be
Oh, oh, oh, ribbit
I love you so

4.
I Splish, splash green girl
Jump round to me
You're the loveliest daddy
That ever will be
Oh, oh, oh, ribbit
I love you so love you so

5.
Splish, splash green girl
Jump round to me
We'll have loveliest babies
That ever will be
Oh, oh, oh, ribbit
I love you so

6.
Splish, splash green girl
Jump round to me
Together we'll have
a big family
Oh, oh, oh, ribbit
I love you so

Beispiel 2: Bon appétit, Monsieur Lapin

Nach: »Claude Bonjon. L'ecole des loisirs. Paris 1985«

Inhalt:

Ein kleiner Hase hat keinen Hunger mehr auf Mohrrüben und macht sich auf den Weg, um zu entdecken, was die anderen Tiere so fressen und ob ihm dies nicht auch besser schmecken würde. Aber nichts schmeckt ihm. Dann trifft er den Fuchs. Auf die Frage, was dieser denn fresse, antwortet der Fuchs, dass er Hasen frisst. Nun beginnt die Hetzjagd. Der Hase kann sich in sein Haus retten, aber der Fuchs erwischt vorher noch die Ohren des Hasen. Glücklich über sein gewonnenes Leben, wenn auch mit abgebissenen Ohren, beschließt der Hase nun wieder ganz viele Karotten zu essen, da diese Hasenohren wachsen lassen ...

Didaktisch-methodische Überlegungen:

Inspiriert von dem gleichnamigen Bilderbuch wurde die Idee einer Umsetzung der Geschichte in ein Hörspiel für den Einsatz im Unterricht der Grundschule geboren. Das Hörspiel soll durch optische und akustische Untermalung der Geschehnisse und sich wiederholender Passagen für den Zuhörer verständlich gemacht werden. Die Texte und Dialoge wurden sehr einfach gewählt und mit immer wiederkehrenden Strukturen versehen, um ein Wiedererkennen und Mitsprechen der Sätze zu ermöglichen. Das Stück wird von einem kurzen Liedvers durchzogen, der mit den Kindern eingeübt und an den jeweiligen Stellen mitgesungen werden kann. Der Einsatz dieses Hörspiels ist nicht auf eine Klassenstufe festzulegen, da die verschiedenen Wiederholungsstrukturen und klanglichen Ausmalungen eine vielfältige, individuelle Erarbeitung je nach Kenntnisstand der Kinder in der Fremdsprache ermöglicht. Die Aufgliederung in einzelne Szenen, die einen starken Wiederholungscharakter haben, ermöglicht auch die leichte szenische Umsetzung mit den Kindern, die wiederum auch den Inhalt der Geschichte für die Schüler durchsichtiger machen würde.

Weitere Möglichkeiten

- Bildkarten, anhand derer man die Geschichte erzählen kann, oder die als Unterstützung des Hörspieles dienen
- Geschichte als Ausgangspunkt für die Erarbeitung des Vokabulars zum Thema »Tiere« oder »Gemüse«
- Integrationsmöglichkeit Deutsch: »Unzufriedenheit« oder »Angst«
- Einbau in eine Stationenarbeit: Bildkarten gemäß der Geschichte sortieren; Arbeitsblatt mit Tieren – auf Anweisung von einer Kassette hin anmalen ...

Bildkarten	Akteure	Texte	Geräusche
	Erzähler	Voila M. Lapin Il n'aime plus les carottes.	
	Erzähler	Lied: Je m'apelle M. Lapin. Je n'aime plus les carottes. Oh la la, quand même j'ai faim. Je me mets en route.	Laufgeräusch Jogger
	Hase Frosch Hase Frosch Hase	»Bonjour, je suis M. Lapin.« »Bonjour, je suis la grenouille.« »Que manges-tu?« »Je mange des mouches.« »Pouah! Je n'aime pas les mouches!«	Teich Froschquaken Summen
	Erzähler	Wiederholung Lied: Je m'apelle M. Lapin. Je n'aime plus les carottes. Oh la la, quand même j'ai faim. Je me mets en route.	Laufgeräusch Jogger
	Hase Vogel Hase Vogel Hase	»Bonjour, je suis M. Lapin.« »Bonjour, je suis l'oiseau.« »Que manges-tu?« »Je mange des vers.« »Pouah! Je n'aime pas les vers!«	Vogelgezwitscher Schlürfen

Bildkarten	Akteure	Texte	Geräusche
	Erzähler	Wiederholung Lied: Je m'apelle M. Lapin. Je n'aime plus les carottes. Oh la la, quand même j'ai faim. Je me mets en route.	Laufgeräusch Jogger
	Hase Affe Hase Affe Hase	»Bonjour, je suis M. Lapin.« »Bonjour, je suis le singe.« »Que manges-tu?« »Je mange des bananes.« »Pouah! Je n'aime pas les bananes!«	Affenschrei Schmatzen
	Erzähler	Wiederholung Lied: Je m'apelle M. Lapin. Je n'aime plus les carottes. Oh la la, quand même j'ai faim. Je me mets en route.	Laufgeräusch Jogger
	Hase Hund Hase Hund Hase	»Bonjour, je suis M. Lapin.« »Bonjour, je suis le chien.« »Que manges-tu?« »Je mange des os.« »Pouah! Je n'aime pas les os!«	Hundegebell
	Erzähler	Wiederholung Lied: Je m'apelle M. Lapin. Je n'aime plus les carottes. Oh la la, quand même j'ai faim. Je me mets en route.	Laufgeräusch Jogger

Bildkarten	Akteure	Texte	Geräusche
	Hase	»Bonjour, je suis M. Lapin.«	Miauen
	Katze	»Bonjour, je suis le chat.«	Fiepen
	Hase	»Que manges-tu?«	
	Katze	»Je mange des souris.«	
	Hase	»Pouah! Je n'aime pas les souris!«	
	Erzähler	Wiederholung Lied:	Laufgeräusch Jogger
		Je m'apelle M. Lapin.	
		Je n'aime plus les carottes.	
		Oh la la, quand même j'ai faim.	
		Je me mets en route.	
	Hase	»Bonjour, je suis M. Lapin.«	Knurren
	Fuchs	»Bonjour, je suis le renard.«	
	Hase	»Que manges-tu?«	
	Fuchs	»Je mange des lapins.«	
	Hase	»Ahh, au secours!«	
	Hase	»Au secours!«	
	Fuchs	»J'ai faim!«	
		»Ham«	
		Hase läuft alleine weiter	

Bildkarten	Akteure	Texte	Geräusche
	Erzähler	Les carottes font pousser les oreilles des lapins. M. Lapin mange beaucoup de carottes. Et les oreilles poussent.	
	Erzähler	**Lied:** **Je n'ai plus les oreilles.** **Je mange des carottes.** **Elles font pousser les oreilles.** **Vivent les carottes!**	

Zusätzliche Bildkarten

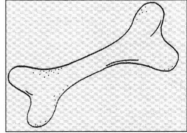

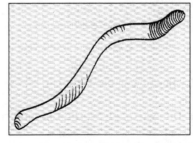

Beispiel 3: Bildunterstützte Hörsequenz

Didaktischer Hinweis zum beiliegenden Material

Diese Hörspielsequenzen mit den dazugehörigen Arbeitskärtchen dienen der Entwicklung der Listening Comprehension von Grundschulkindern. Beim Abhören der jeweiligen Strukturen können die Schüler nachweisen, dass sie Gehörtes verstanden haben.

Vorgehensweise:

1. Abhören erster Struktur, z. B.»Timmy can swim like a fish.«
2. Drücken der Stopptaste
3. Gehörtes nachsprechen
4. Ziehen einer Linie mit dem Folienstift zwischen genannter Person und dem Tiersymbol (siehe Karte)

Ein und dasselbe Kärtchen kann verschiedene Hörspielsequenzen bedienen, da diese vom Schwierigkeitsgrad her aufeinander aufbauen, jedoch in ein Thema eingebettet sind:

1. Sequenz (einfach):
- This is Sarah's dog.
  (Linie verbindet Sarah und dog)
- This is Jody's spider.
- This is Tim's fish.
- This is Diana's bird.
- This is Janet's cat.
- This is Tom's flea.

2. Sequenz (mittel):
- Sarah can run like a dog.
- Jody can climb like a spider.
- Tim can swim like a fish.
- Diana can sing like a bird.

- Janet can walk like a cat.
- Tom can jump like a flea.

3. Sequenz (schwer):
- Jody can climb like a fish.
  (No, Jody can climb like a spider!
  Sch. verneint und zieht Linie wie in
  Verneinung)
- Janet can walk like a flea.
- Tim can swim like a cat.
- Diana can swim like a dog.
- Tom can jump like a spider.
- Sarah can run like a fish.

Zur Herstellung des Materials:

- Die Kärtchen werden laminiert, wodurch sie mehrfach verwendbar sind.
- Die Linien werden mit einem wasserlöslichen Folienstift gezogen.

■ Das Format der Kärtchen entspricht dem einer Audio-Kassette, deshalb können sie in einer präparierten Kassettenhülle aufbewahrt werden, welche zugleich die Hülle der Hörsequenz-Kassette ist.

■ Zur Lösungskontrolle kann ein Lösungskärtchen beigefügt werden.

■ Die Bildsymbole wurden gezeichnet, benötigte Zeit dafür etwa 20 Minuten.

Zum Einsatz:

Das Material kann während Freiarbeitsphasen zur Differenzierung im integrierten Englischunterricht oder bei der Anfertigung der Hausausaufgaben verwendet werden.

2.3.5 Lernwerkstatt Museum (MU-SE)

Uli Jungbluth

Gewinn und Verlust der Sinnlichkeit

Papier, Wörter, Bilder, Bilder, Wörter, Papier. Unaufhörlich dreht sich das schwere Mühlrad der Schule und mahlt das Korn des Lernstoffes zu trockenem Mehl, aus dem das tägliche Unterrichtsbrot gebacken wird. Wie aber atmen die Kinder und Heranwachsenden auf, wenn sie in der Schule dies Brot nicht täglich essen müssen, wenn sie statt des Papiers etwas Dreidimensionales zu sehen oder gar zu begreifen bekommen: ein Modell, einen realen Gegenstand, ein lebendiges Tier. Sobald der Unterricht Begreifen im Sinne des Wortes ermöglicht, sobald Blick und Wort sich auf Berührung richten, braucht die Lehrperson weder mit schlechten Noten oder mit anderem drohen, noch braucht sie mit guten Noten locken. Interesse steigert sich in dem Maße, in dem die sinliche Präsenz des Dreidimensionalen Neugierverhalten entfachen kann.

Bei alten Gebrauchsgegenständen ist dies nicht anders. Wer einmal die Thematik »Früher und heute« nicht nur mit Texten und Bildern, sondern mit realen Dingen aufbereitet hat, mag die von diesen ausgehende Motivationskraft und die damit einhergehenden Lerneffekte nicht mehr missen. Wenn dann aus der ursprünglichen Sammelecke ein kleiner Ausstellungsraum entsteht, ist es zu einem kleinen Museum nicht mehr weit.

Fast alles, was wir kaufen, ist mit Klarsichtfolien überzogen. Diese versprechen und locken, verwehren aber den prüfenden sinnlichen Zugriff. Unsere Sicht von der Welt ist zunehmend die des Bildschirms. Immer mehr wird sichtbar gemacht, immer weniger wird tatsächlich greifbar.

CD-Player, Computer, Radios, Fernsehapparate, Videorecorder, Walkmans und Handys sind so konstruiert, dass der Umgang mit ihnen auf die knappste sinnliche Berührung des Bedienens reduziert ist. Solange die Geräte funktionieren, erwecken sie den Anschein von Vertrautheit und Nähe; dass sie fremde Kästen geblieben sind, zeigt sich spätestens dann, wenn Störungen auftreten. Fremdes, spezialisiertes Fachwissen muss herbeigeholt werden, um sie wieder in Gang zu bringen. Sie leben nicht lange, werden schnell zu Abfall. Da sie nichts verkörpern, was ihnen der Benutzer hinzugefügt hat, werden sie auch nicht Bestandteil der eigenen Lebensgeschichte. Sie bekommen keine Erinnerungsspuren der Kindheit, der Arbeit, des Festes oder des Alterns. Sinne, die immerzu mit glatten erinnerungslosen Gegenständen zu tun haben, werden am Ende selber erinnerungslos und oberflächlich. Die Beliebigkeit der Gegenstände leistet der Beliebigkeit der Menschen Vorschub. Wenn Kästchen und Computer mehr und besseres leisten als der lebendige Mensch, dann besteht die Gefahr, dass eben jener völlig entwertet wird.

In welchem Haus befinden sich heutzutage noch eine Werkbank, eine Werkzeugkiste und Rohmaterial? In welchem Haus gibt es frei verfügbare Bretter, Nägel, Hämmer, Tonbatzen, Kleister und Farben? So betrachtet entpuppt sich der technische Gewinn zugleich als sinnlicher Verlust. Diesen auszugleichen bedarf eines Anstoßes.

Werkstätten können ein solcher Anstoß sein. Die »handfeste« Sprache der Dinge und der neugierige Umgang mit ihnen stellen praktisch die Fragen, die sich ergeben mögen: Wie funktioniert das? Wie sieht das aus? Wer hat dies hergestellt? Aus welchem Material ist das? Wer konnte sich das leisten? Was hat sich im Laufe der Zeit verändert?

Museum als Lernwerkstatt

Für Adolf Reichwein sind Museen Anschauungs-, Erziehungs- und Arbeitsstätten.[1]

Die folgenden Überlegungen knüpfen an Reichweins museumspädagogische Gedanken in kritischer Re-aktualisierung an, indem der Gedanke der Werkstatt auf das Museum insgesamt bezogen wird. Sind die Werkstätten bei Reichwein gesonderte Räume innerhalb des Museums[2], betrachten wir hier das ganze Museum als Werkstatt. Damit verschiebt sich der Akzent von der tätigen Anschauung über die Dinge zur Tätigkeit mit den Dingen selbst. Neben dieser Erweiterung des Werkstattgedankens unterscheidet sich unsere Konzeption in der Zielsetzung. Während bei Reichwein die »Geschmackserziehung«[3] im Vordergrund steht, geht es uns um die Förderung von Kritik- und Wahrnehmungsfähigkeit, von historischem und ökologischem Bewusstsein.

Im herkömmlichen Museum geht der Betrachter andächtig, gemessenen Schrittes und mit untätigen Händen: Er soll berührt werden, ohne selbst zu berühren.[4]

Erkannte Gegenstände sind aber das Ergebnis zielgerichteter Handlungen, nicht bloße Widerspiegelung des Geschauten. Erkenntnis ist die Frucht von Unternehmungen, ein Fall spezieller Aktivität, nicht etwas von der Praxis Getrenntes. Erkennen ist eine Form des Tuns: Verstehen ist Erkenntnispraxis.[5]

Folglich ist das Betrachten und das Denken auf ein Drittes zu beziehen – das Machen.

Dreidimensionale Objekte sind zwar plastischer als zweidimensionale Bilder und Texte. Doch bleiben diese ihrerseits im herkömmlichen Museum durch Berühren-verboten-Schilder, Absperrungen, Alarmanlagen oder Vitrinen dem ›Be-greifen‹ verschlossen.

Sollen die Dinge nicht versperrt bleiben, ist ihre Berührung nicht nur zuzulassen, sondern ausdrücklich anzuregen. Verstehen und manuelles Tun spielen z. B. beim Waschen, Feuermachen, Hämmern, Sägen, Bohren Hand in Hand. Die Handhabung der Dinge, nicht ihr bloßes Betrachten und Darüber-Nachdenken, macht ihren Gebrauchszusammenhang erst praktisch. Ihre sinnliche Präsenz, ihre Leibhaftigkeit und ihr Funktionszusammenhang realisieren sich tatsächlich nur im praktischen Gebrauch. Die Praxis des Waschens, Feuermachens, Hämmerns usw. haucht den betreffenden Objekten altes und neues Leben ein. Die Praxis ist die lebendige Grundlage, auf der die Objekte theoretisch besser angeeignet werden können. Das manuelle Tun gibt dem Ineinander von Wahrnehmen, Denken und Machen den besten Schwung. Will sich ein Museum der Praxis nicht verschließen, muss dem »Präsentationsteil« ein »Aktionsteil« zukommen[6], in der die Betrachtung produktiv und die Praxis reflexiv gemacht werden. Mit dem besonderen Verhältnis von Objekt, Ensemble, Bild-Text-Information und Praxisprozess erhöht sich die Chance, dass Lernen im Museum auch tatsächlich stattfindet. Nicht allein Information über Objekte, Bilder und Texte, sondern der Umgang mit anderen im gemeinsamen Tun an einer praktischen Sachaufgabe[7] im historischen Kontext – das ist das Grundmuster eines Werkstattlernens im Museum: z. B. wie früher Kochen, Waschen, Kehren; ein kleines Messer mit Griffstück und Etui herstellen; ein Segelboot bauen und schwimmen lassen; einen kleinen Bauerngarten anlegen und betreuen. Solch offen-produktive Lernsituationen finden ihre Bedingungen in entsprechend offenen Zeiträumen und Raumangeboten, in denen die Anregung zur praktischen Selbsttätigkeit im Mittelpunkt steht: Keine linear-programmierten Lernschritte, sondern abenteuerliche Lernarrangements mit wirklichen Dingen in historischen Handlungsspielräumem, gemeinsam mit anderen in verdichteter Gegenwart.

Beim Versuch, (Selbst-)Bildungsprozesse über Handlungen mit historischen Objekten zu initiieren, verschiebt sich das Selbstverständnis des Lehrers. Er unterrichtet nicht, sondern plant Lernräume und arrangiert Gegenstände mit starkem Aufforderungscharakter, die zu einer praktischen Sachaufgabe anregen. Bezugsgrößen der Elementarisierung sind: wirkliche Dinge, Feuer, Wasser, Luft und Erde. Das ist natürlich zeit- und raumsprengend. Rein funktionale Räume sind tödlich für Lernprozesse; Verschachteltes, Schräges und Eckiges, Orte, an und in denen man etwas verändern und tun kann, sind für die »Besetzungsphantasie« der Besucher viel attraktiver.[8] Auch ungenügende Zeiträume sind für Lernprozesse tödlich. Genügend Zeit haben, sich Zeit für die vergangene Zeit nehmen, ist unabdinglich.

Werkstattlernen im Museum plädiert für mehr Praxis, mehr Zeit, mehr Raum. So gesehen könnte die Museumswerkstatt der Schul- und Ausbildungslandschaft eine dreifache Vision geben: Schule als Praxis-, Zeit- und Raumoase.

Packendes zum Anfassen

Im MUSEum in der Schule Selters/Westerwald dürfen sich die Kinder bewegen, ja mehr, sie werden dazu animiert. Muskel, Sinnesorgan, Nerv und Hirn werden in Schwung gesetzt, wenn sie die Dinge nicht nur sehen, sondern auch anfassen, verändern und mit ihnen hantieren können:

■ Wenn sie in der »Küche« Möhren, Bohnen, Lauch, Sellerie und Zwiebeln zerkleinern, Rind- und Schweinefleisch in kleine Würfel schneiden, Petersilie hacken, Reis, Salz, Pfeffer und Wasser hinzugeben und alles im großen Topf vermischen. Oder wenn sie einfach Pellkartoffeln kochen lassen.

■ Wenn sie im »Schuppen« Holz sägen und kleinhacken, damit den Küchenherd befeuern, um darauf den vorbereiteten bunten Gemüsetopf über eine Stunde lang am Köcheln zu halten und ihn anschließend gemeinsam zu essen; zusammen mit einem Stück Brot, das mit dem Messer sorgfältig abgeschnitten wurde.

■ Wenn sie zwei volle Wassereimer mit der Schultertrage herbeischleppen, um damit die Zinkwannen in der »Waschküche« zu füllen.

■ Wenn sie Teller und Besteck spülen und abtrocknen, anschließend die Spül- und Abtrockentücher über das Waschbrett reiben, mit dem Wäschestampfer einweichen und auf die Leine hängen.

■ Wenn sie in der »Schmiede« Nägel mit der Zange auf den Amboss legen, um sie platt zu schlagen und sich wundern, dass sie dabei heiß werden.

■ Wenn sie das Holzpferd besteigen und darauf »reiten« können.

■ Wenn sie in den »Strohschober« klettern und sich auf die Strohballen legen.

■ Wenn sie sich selbst Tinte herstellen und Gänsefedern spitzen, um damit Dinge im MUSEum abzuzeichnen und hernach einen Brief über das Erlebte z. B. an die Großeltern zu schreiben.

■ Wenn sie die entsprechenden Gewichte auf die Dezimalwaage stellen, um herauszufinden, wie schwer ihr Partner ist.

■ Wenn sie die Jauchepumpe ausprobieren, den Dengelhammer, den Dreschflegel, die Windfege, die Kartoffelquetsche, die Stalltür und den Scheunendurchschlupf.

■ Wenn sie im »Garten« hacken und jäten und über den »Acker« den Kartoffelpflug ziehen.

■ Wenn sie den Deckel am Porzellanknopf hochheben, sich auf das Loch setzen und herausbekommen, wozu die am Nagel aufgespickten Zeitungsblätter gut sein sollen.

Die Kinder arbeiten im MUSEum frei, ohne den stummen Zwang der Freiarbeit; sie entdecken Neues, ohne »abgekartetes« entdeckendes Lernen. Sie kommen in Aktion, indem sie in Ruhe gelassen werden. Feuer und Wasser, Gerät und Maschine, Werkzeug und Tinte, Leib, Hand und Auge, Temperatur und Gewicht, Wort und Zahl, Ding und Gebrauch, früher und heute – das eine mischt sich in das andere und alles hängt zusammen.

Die Ahnung dieses Zusammenhangs, die Kenntnis des Einzeldings und das Bewusstsein von Lebensperspektive und Gefährdung stellen sich nicht von selber ein. Die Erlebnisse der Aktivstationen brauchen Hintergrund. Bild, Text, mündliche Erläuterung, Informationsmappen, Bücher und Videos sollen ihn vermitteln.

MU•SE ist eine Begegnungsstätte für Kinder, aber ebenso für Jugendliche und Erwachsene. Es spricht Schulklassen ebenso an wie Wandergruppen und Touristen. Die Aktivstationen sind für Menschen aller Altersstufen geeignet. Die Inhalte des MUSEums sind: Arbeiten, Ernähren und Wohnen früherer Generationen.

Die Methode ist das »aktive Erinnern« (Habermas) über Bild, Text, Modell, Demonstration und Handlung. Das Ziel ist weltoffenes Heimatbewusstsein. Reichwein, der sich selbst als »europäischen Planetarier« oder »planetarischen Europäer«[9] bezeichnete, formulierte diesen Gedanken folgendermaßen: »Die Heimat- und Volkskunde erweitert sich also zu einer Weltkunde, die immer auf das heimatliche Schicksal bezogen und zugeschnitten bleibt.«[10]

Vom Anfass-Erlebnis zum Geschichtsbewusstsein

Das MUSEum in der Schule knüpft an die Bedürfnisse von Kindern und Jugendlichen an. Diese wollen etwas erleben, etwas entdecken, etwas ausprobieren, etwas bewerkstelligen, sich bewegen, sich austauschen, mit Dingen hantieren, Spaß haben, ihre eigene Lebenszeit transzendieren.

Das MUSEum ist als Spiel-, Probier- und Erlebnisraum konzipiert, bei dem die handelnde Begegnung mit den Objekten im Vordergrund steht. Dadurch wird die Motivation gesteigert und das, was die Besucher »Spaß haben« nennen. Hier – beim ersten Zugang – wird andererseits den Text- und Bildinformationen nur wenig Aufmerksamkeit geschenkt.

Dies bringt es mit sich, dass die materialen Arrangements mit Zu- und Eingriffsmöglichkeiten vordergründig »nur« ein besonderes Erlebnis bleiben können. Die Objekte ziehen die Schüler so in ihren Bann, dass eine Eigendynamik entsteht, wobei der exotische Charakter des kurzweiligen Erlebnisses die historische Aneignung schlichtweg überformt. Es kann im besten Falle die Wahrnehmung für alte Sachen und Geschichten schärfen sowie die Schwellenangst bei anderen Museen mindern. Damit das früher Gewesene nicht bloß im Feld der gegenwärtigen Erlebnisattraktion stecken bleibt, muss der Erlebnisraum – in einem zweiten Schritt – mit dem Geschichtsraum verbunden werden. Erst dann, wenn die Gegenwart des Schülers sich mit der Vergangenheit des Dinggebrauchs *explizit* vereinigt, kann sich das angestrebte Historische Präsens bilden. Erst dann kann das früher Gewesene in seiner eigenen Welt eben als das früher Gewesene erscheinen. Erst dann kann vergangenes menschliches Handeln und Verhalten tatsächlich präsent werden.

Dieses Historische Präsens stellt sich nicht von selbst im handelnden Umgang mit den Objekten ein. Es hat dann eine Chance, wenn nach dem MUSEumsbesuch das Erlebnis in historische Reflexion überführt wird. Und zwar durch Bild-, Text- und Materialangebote zu den einzelnen Themenbereichen (Infomappen, Folien, MUSEumskoffer), die hernach im Unterricht behandelt werden. Aus dieser Distanz heraus können die Schüler eher die thematisierte Vergangenheit über das Erlebnishafte hinaus als Teil ihrer eigenen Vorgeschichte begreifen.

Ein Museumsbesuch in MU•SE sollte mehr sein, als »bloß« ein kurzweiliges Erlebnis im Museum. Der Erlebnisrahmen müsste in einen historischen Orientierungsrahmen gestellt werden. Erst dann wäre die Chance einer historischen Aneignung gegeben: Das geschichtliche Vor-Wissen würde im Museumsbesuch erlebnishaft aktualisiert (1. Schritt) und als Movens historischer Reflexion unterrichtlich in geschichtliches Wissen transformiert (2. Schritt).

Dabei könnte – insbesondere für die Grundschule – das Werkstattlernen im MUSEum über das Historische hinaus verbreitert werden. Vielfältige Themenbereiche (z. B.: In der Schmiede, In der Küche, Das Pferd, Vom Messen und Wiegen, Die Kartoffel usw.) können als Vorhaben die traditionellen Fachanteile (Sachkunde, Deutsch, Mathematik, Bildende Kunst usw.) einbinden und aufheben.

Sammlung und Präsentation

Untergebracht ist die Sammlung in den Kellerräumen der ehemaligen Hausmeister-Wohnung und in den einstigen Toilettenräumen, die durch den Schulumbau im Jahre 1995 frei wurden. Vom Schulträger, der Verbandsgemeinde Selters, erhielt das MUSEum Unterstützung, ebenso von der Schulleitung und den handwerklich sehr geschickten Hausmeistern der Grund-, Haupt- und Regionalschule Selters. Das MUSEum geht auf die Idee des Kollegen Karl Born (Wölferlingen) und mir zurück, wobei wir 1992 zunächst in einem normalen Klassenraum der Grund- und Hauptschule Selters ein kleines Museum einrichteten. Die neuen 14 Raumteile, die mit einer MUSEums-AG und interessierten Kollegen aus den ehemaligen Kellerräumen in Eigenarbeit hergerichtet wurden, erweisen sich als museumsarchitektonisch ideal. Abenteuerlich ist allein schon das Durchstreifen der verschieden großen und hohen Räume, sind sie doch verschachtelt und verwinkelt, aber alle miteinander verbunden. So kommt ein Rundgang zustande, der konzeptionell den bäuerlich-handwerklichen Kreislauf von der Bodenvorbereitung über Aussaat, Ernte, Verarbeitung, Haushalt und zur Bodenvorbereitung zurück widerspiegelt.

Wir haben unser Museum in der Schule Selters MU•SE genannt. Das sind einmal die Anfangsbuchstaben von MUseum und SElters. Das ist aber auch die Anspielung auf die 9. griechische Göttin der Musen, von der sich das Wort Museum ableitet. Spricht man MU•SE französisch aus, hat man mit musée wiederum das Wort Museum. MU•SE befindet sich im Aufbau. Geplant ist die Vervollständigung der Sammlung und die Erweiterung im Außenbereich.

Die Sammlung gliedert sich wie folgt: Bodenvorbereitung: Pflügen, Eggen, Walzen, Düngen. Säen. Mähen. Dengeln und Wetzen. Dreschen und Reinigen. Wiegen und Messen. Heben. Die Anspannung. Die Kartoffel – eine köstliche Speise. Die Schmiede. Der Hof und das Fachwerk. Waldarbeit. Der Heuschober. Die Werkstatt. Spielzeug. Vorratshaltung. Kochen und Wohnen. Milchverarbeitung. Die Beleuchtung. Wassertransport und Waschen. Der Abort.

Den Kern der Sammlung bieten solche Gerätschaften, deren Kenntnis heute durch den raschen Wandel der Produktionsweise nach 1950 weitgehend verloren gegangen ist. Die meisten Dinge entstammen der Landschaft des Westerwaldes und der Zeit von etwa 1890 bis 1960. Der totale Bruch mit den alten Geräten und der Arbeitsweise erfolgte sehr schnell im Rahmen des allgemeinen wirtschaftlichen Aufschwungs. Auf diesen Wandel kommt es uns an: Vom Holz zum Eisen, vom Pferd zum Traktor, von der Kerze zur Glühbirne, vom Kohleherd zur Mikrowelle, vom Waschbrett zur Waschmaschine, vom Tragejoch zum modernen Mischventil.

Wichtiger als schöne oder seltene Objekte sind uns die Zusammenhänge der Dinge und was sie vom alltäglichen Leben damals erzählen können. Solche Ensembles können wir nicht irgendwoher komplett übernehmen. Wir müssen sie sammeln und aussagekräftig zusammenstellen. Dabei scheuen wir uns nicht, Kulissen historisch nachzuempfinden und Dinge erkennbar neu zu restaurieren. Unsere Achtung gilt zwar dem Objekt, mehr noch aber seinem Gebrauch und seiner lebensbezogenen Erscheinung. Das zeigt sich z. B. an unserem Plumpsklo: historisch authentisch ist der Deckel und die Schüssel, alles andere drumherum ist rekonstruiert. Denn was wäre ein Deckel ohne Klo, das kein Herzchen hat und auf dem man nicht sitzen kann?

Zum Museumsbesuch

MU•SE will kein nostalgisches Bild einer schönen, interessanten alten Zeit vermitteln, sondern die früheren Lebens-, Arbeits- und Wohnformen in ihren Anstrengungen, Beschränkungen und Abhängigkeiten. Die Dinge erzählen vom kargen Landleben damals, d. h. wie und wovon die Leute sich ernährten, wo und womit sie damals arbeiteten und wie sie wohnten. Hierbei sollen Kontinuität und Wandel beim Arbeiten, Kochen und Essen, Waschen und Heizen, beim Spielen und Beleuchten aufscheinen. Da zudem auch die Lebenserfahrungen aus dem »Dritten Reich« und ökologische Probleme thematisiert werden, können auch Fragen im Blick auf bedrohte Welt, bedrohte Demokratie und bedrohten Frieden aufkommen. MU•SE ist anschaulich, aktionistisch, kritisch und umwelterzieherisch ausgerichtet. Adressaten sind Schüler, Studenten, Referendare, Lehrer, Schulleiter, Museumspädagogen, Einzelbesucher, Jugend- und Seniorengruppen. Im MUSEum besteht die Möglichkeit zu zeichnen, zu fotografieren, zu videografieren und zu schreiben. In der vorbildlich geführten Schulbibliothek, die unmittelbar über den MUSEumsräumen liegt, kann man zudem schmökern und gezielt lesen. Auch kochen und essen kann man im MU•SEum. Beim Einbeziehen älterer und jüngerer deutscher, italienischer, türkischer oder Frauen und

Männer anderer Nationalitäten, ist die Chance des Austauschs zwischen Generationen, Geschlechtern und Kulturen gegeben. Die Gruppengröße sollte 30 Personen nicht übersteigen.

Nach Absprache ist es nicht nur möglich, eine betreute Doppelstunde, einen Vormittag oder einen ganzen Tag, sondern auch einen Besuch mit Übernachtung zu projektieren. Hierfür bietet sich die sommerliche Jahreszeit als besonders geeignet an. Ein schuleigener Zeltplatz mit Lagerfeuer und Grill, ein Sportplatz, Waldgelände und sanitäre Einrichtungen liegen direkt beim MUSEum. Auch Kindergeburtstage können gefeiert werden.

Von Juni bis September ist das MUSEum jeden ersten Sonntag im Monat von 14.00 bis 17.00 Uhr geöffnet. Darüber hinaus können ganzjährig Führungen vereinbart werden bei: Tourist-Information der Verbandsgemeinde Selters, Tel.: 0 26 26-7 64 58 oder: Oberwaldschule 56242 Selters, Tel.: 0 26 26-9 78 40 oder: www.oberwaldschule.ww-online.net.

Anmerkungen

1 Vgl. *Reichwein* 1941, S. 157, S. 160
2 Vgl. ebd., S. 160
3 Ebd., S. 162; zur Museumspädagogik Reichweins vgl. *Fricke* 1976
4 Vgl. *Doering/Hirschauer* 1997, S. 289
5 Vgl. *Dewey* 1998, S. 200, 205, 231, 243
6 Vgl. *Mayrhofer/Zacharias* 1978, S. 198
7 Vgl. *Fricke* 1974, S. 268 und vgl. *Reichwein* 1937
8 Vgl. *Negt* 1997, S. 258
9 *Adolf Reichwein* 1974, S. 113
10 *Adolf Reichwein* 1993, S. 52f.

2.3.6 Lernwerkstatt Geräusche und Sprache

Rainer Kalb

Einlassen auf Reichweins Landschul- und Vorhabenpädagogik?

Bei der Suche nach dem Begriff »Werkstatt« würde man bei Reichwein kaum fündig, den pädagogisch-didaktischen Implikationen begegnet man jedoch vielfach. Er ging aus von der ländlichen Umgebung und Erfahrungswelt mit unmittelbarer Naturbeobachtung, Arbeit im Gewächshaus, Basteln, Weben, Sammeln, Ausschneiden, Baden im See, Schlittschuhlaufen auf demselben, bis hin zu gut vorbereiteten Fahrten, so dass sich für das Kind behutsam der Horizont erweitern konnte. Reichweins Position, so wird schnell deutlich, wirkt auch wegen seines konsequenten Eintretens für das einmal als richtig und gut Empfundene oder Erkannte glaubwürdig, politisch wie pädagogisch. Soll er als Reformpädagoge hinterfragt und ob zentraler bildungswirksamer Gedanken »fokussiert« werden, tut man gut daran, die besonderen Bedingungen der einklassigen Tiefenseer Schulwirklichkeit mit gut 40 zu betreuenden Kindern und Jugendlichen vorerst außer Acht zu lassen, damit »konstitutive Prinzipien der Reichweinschen Schulkonzeption mit heutigen Bemühungen um innere und äußere Schulreform« im Hinblick auf »die Entwicklung einer demokratischen und humanen Schule«[1] korreliert werden können. Die kleine Dorf- und Landschule gibt es so nicht mehr! Auch die Institution Lehrer mit einer auch auf Grund ihres Wissens überragenden, klar führenden Persönlichkeit mit äußerst hohem Vorbildanspruch an sich selbst hat sich erheblich gewandelt.

Nun legt Reichwein im »Schaffenden Schulvolk« »nicht einen Plan vor oder einen Vorschlag, wie es gemacht werden sollte, sondern den Bericht einer Wirklichkeit.[2] Er macht zunächst einfach aus der »Not des Beieinanders aller Altersstufen eine Tugend. Es ist die Tugend des neuen, vom Kind und seiner Sache und nicht mehr aus der Zerrissenheit der Fächer bestimmten Unterrichtes.«[3]

Reichwein arbeitete mit den Schülern häufig in Vorhaben, »die insgesamt wie ein Modell aufzufassen sind [...]«[4] und denen sich alle Maßnahmen, Inhalte, Anschauungsmittel, Fahrten, Werkstücke, Sprachgestaltungen, Präsentationen usw. unter- und einzuordnen hatten. Hier genießt Reichwein höchste Aktualität! Die Aufgaben und ihre Realisierung suchte er für die Kinder zuerst in der näheren Umgebung.

Das mag auch für heutige Kinder sinnvoll sein, doch ist die Prägung durch das Elternhaus im Sinne familiärer Geborgenheit mit gesellschaftsfreundlicher Sozialisation und das Heranwachsen insgesamt heute nicht so von der Herkunft bestimmt, wie Reichwein es bei sich zu sehen glaubt:»Für mein ganzes Leben entscheidend ist, daß ich von den armen Bauern des Westerwaldes abstamme und meine Jugend bis zum Eintritt in das Kriegsheer auf dem Dorfe verlebt habe.«[5] In Dorfe Tiefensee bei Berlin konnte Reichwein weitgehend selbstständig die Akzente setzen.

Er arbeitete nach dem Grundsatz: Man nimmt sich etwas vor, geht zielstrebig und doch stets fragend und sich so selbst motivierend dem Erfolg entgegen.

Nicht unter der Prämisse, dass es mit allen Sinnen zu geschehen habe, sondern unter der selbstverständlichen Hinzuziehung aller Mittel und Wege, die ein Projekt gelingen lassen.

Mit Tiefensee als inoffizieller filmischer Versuchsschule der Reichsstelle für den Unterrichtsfilm (RfdU)[6] wurde Reichweins Potenzial an unterrichtlichen Medien erheblich erweitert. Unter geschicktem und konsequentem Ausschluss aller staatspolitischen Filme nutzte Reichwein dieses neue Angebot zur Intensivierung und qualifizierten Bereicherung aller im Unterricht dienlichen Anschauung. Bemerkenswert seine dabei fast trivialen, zugleich zeitlos bedeutsamen medienpädagogischen Überzeugungen, z. B. dass das»Auge zunächst dem Bildablauf des Films nur schwer folgen kann, weil es nicht imstande ist, die vor ihm abrollende inhaltliche Fülle so schnell aufzunehmen und bewusstseinsmäßig zu verarbeiten.«[7] Und deshalb bewähren sich für ihn Einzelbilder, Bildberichte und vergleichende Bildbetrachtung als eine»ausgezeichnete Schule für das Filmsehen.«[8]

Mit Medienerziehung der Flut begegnen

Reichwein konnte kaum voraussehen, in welchen Bilder- und Tonfluten sich die jungen Menschen heute tummeln und nicht selten darin unterzugehen drohen. Und er ist ebensowenig»Vorläufer und Wegbereiter der modernen Erlebnispädagogik«[9] wie Urvater der

Medienerziehung. Die Notwendigkeiten und Bedingungen seiner Zeit und Biographie waren andere.

Er konnte auch nicht ahnen, dass heute Schulen, Kreisbildstellen und Medienzentren eine schwer überschaubare Vielzahl an Tonbildreihen, Videokassetten, Tonfilmen, Fotos und sonstigem multimedialem Equipment ständig präsent halten. Es war kaum absehbar, welch medialer GAU der heutigen Kinder- und Jugendgeneration permanent droht, welche Überfrachtung, Verblendung, Manipulation und Verunsicherung mit deutlichsten Auswirkungen auf die psychosoziale und psychomotorische Gesamtkonstitution dieser Generalangriff vor allem auf Seh- und Hörsinn bedeutet, besonders auch durch die schädliche Allgewalt übermäßigen »Fernsehgenusses«. Hier tut Medienerziehung Not!

Reichweins unterrichtliches Medienrepertoire nutzte vorbildlich und kindgerecht natürliche Objekte und Anschauung, Modelle, Karte, Relief, Werkstücke, Foto, kommentierte Bilderreihe, »Stehbild« (Dia) und schließlich das »Laufbildgerät« (Filmprojektor).

Ohne »Medienerziehung« begrifflich-thematisch zu akzentuieren, erkannte er, »daß das schwierige Können – Filmsehen – nicht erzwungen werden kann, sondern aus dem einfacheren entwickelt und aufgebaut werden muß.«[10] Ähnliches gilt für das Hören. Und wenn einmal »das sofortige Verarbeiten des Gehörten«[11] gelingen soll, ist es nötig, »aus kleinsten und einfachsten Hörübungen« das Können zu entwickeln »größere Zusammenhänge [...] mit Verständnis zu hören, ohne gedanklich zu ermüden.«[12] Reichwein begreift Hören als »Grundverhalten zur Welt – als Aufmerken, Hinhören, Mithören usw.«[13] Aber das Kind »soll nicht nur aufnehmen, sondern mitschaffen. (Vor allem sogar!)«[14]

Konsequenzen für ein Lernen im Werkstattmodus

Gemeinsames Lernen und Arbeiten, z. B. in einer Werkstatt, dieses Mitschaffen, besser noch Kompetenzerwerb im »Erschaffen« scheint besonders für die Kinder unserer Zeit unverzichtbar, wenn sie in die Lage versetzt werden sollen, die allgegenwärtigen Medientornados und Cyber-Space-Attacken relativ schadlos zu überstehen.

Vielleicht ist es gar unmöglich, dass Tamagotchi-Kids der Phalanx aus Walk- und Disc-Man, Computerspielen, Fernsehprogrammen, Gameboy-Orgien, Video-Clips und Surf-Trips erfolgreich widerstehen, zumal sie potenzielle Gefahren bis hin zur Sucht kaum erkennen können.

(Auch) Schule muss sich dieser Gesamtproblematik stellen. Selbst tun, aktiv sein, selbst herstellen, selbst beeinflussen und konzipieren, in kleinen Schritten vorgehend, das mag ein probater Weg sein, sich langfristig im Dschungel von Telekommunikation und multimedialem Raum orientieren zu können. Durch eigenes Produzieren fortschreitend Medienkompetenz erwerben – das Endprodukt als gemeinsames Ziel der Werkstattarbeit stets vor Augen – Strukturen in der komplexen Medienwelt erkennen und nutzen, Anti-Zapp und -zappeltraining durch ausdauernde Beschäftigung an einem Projekt erleben, damit einem nicht Hören und Sehen vergeht! Und das Internet schmeckt nicht, man fühlt es nicht, es riecht nicht. Allenfalls kann einem eine e-mail stinken! Aber auch sicheres Bewegen in diesem die persönliche Zukunft eines jeden mitbestimmenden Medium ist nur über schrittweises Herantasten zu erreichen, über genaues Hinschauen und Hinhören, umsichtiges und ordnendes Planen, strukturiertes Denken und Handeln unter Einsatz der je optimalen Mittel. Gleichzeitig können unter diesen Grundannahmen zumindest partiell neue Zugangswege zu Lern- und Erfahrungsszenarien beschritten werden, die hohe Motivation bieten, Kreativität zulassen und dem Werkstattgedanken Rechnung tragen, indem mit vorhandenem Material in überschaubaren Räumen produktiv handelnd etwas Neues geschaffen wird. Der »außerschulische« Lernort liegt doch (fast immer) so nah!

Grundintentionen einer Medienerziehung

»Medienerziehung ist als schulische Aufgabe im Zusammenhang mit den allgemeinen und verbindlichen Erziehungs- und Bildungsvorstellungen zu sehen.«[15] Dieser Ansatz wird auch im neuen Lehrplan Deutsch aufgegriffen.[16] Er thematisiert zum ersten Mal Medienerziehung als im Unterricht zu bearbeitendes, überfachliches Feld. Ein Teil der darin enthaltenen Forderungen korrespondiert mit dem zuvor beschriebenen »Projekt«, das am »Museum in der Schule« (MU*SE) der Oberwaldschule Selters realisiert wurde (vgl. 2.3.5).

Das »Vorhaben« basiert auf den Grundintentionen

■ junge Menschen im Umgang mit Massenmedien denk- und handlungsfähig zu machen

- Medienerfahrung zur positiven Beeinflussung von Sprache und Sprachentwicklung zu nutzen
- kritische Distanz zu Medien, Medienkonsum und vermittelten Botschaften zu entwickeln
- durch eigene, kreative, produktive und kritische Erfahrungen nicht nur medienmäßig Selbstbestimmung und Persönlichkeitsstärkung zu erreichen
- sachliches Einordnen und Bewerten der Medien in der Lebenswirklichkeit zu ermöglichen
- ein Bewusstsein dafür zu entwickeln, wie Wirklichkeit vermittelt und neu geschaffen wird
- zu erkennen, wie die eigene Wahrnehmung, das Denken und Erleben geformt werden
- die Notwendigkeit von Verantwortlichkeiten in Mediengestaltung und -nutzung zu bemerken bzw. zu übernehmen

und es will

- den außerschulisch erworbenen Sachverstand und das relativ problemlose Annähern der Kinder an die Medien und die Technik motivational nutzen.

Generell fordert das Konsequenzen:

- Prinzipiell finanzielle Optimierung der medialen schulischen Ressourcen
- Erweiterung der Ausstattung der Schulen mit Fernsehern, Video- und Audiorecordern bzw. -playern
- Curriculare Einbindung der Medienerziehung in 1. und 2. Phase der Lehrerausbildung
- Intensivierte Lehrerfortbildung in Umgang mit und Einsatz der vielfältigen Medien

Ein Museum als Geräusche-Werkstatt: Hört, hört!

Geräusche im Museum? Nicht nur »hands on!«, auch »move on!« und »ears on!«!

Lasst uns richtig Hand anlegen und Dinge in Bewegung bringen, lasst sie im Gebrauch ihre eigenen typischen Laute von sich geben, lasst die alte Mühle quietschen, lasst uns hören (und sehen), wie es rattert, kurbelt, dreht, stöhnt, ächzt, rauscht, knarrt, schleift, murmelt, scheppert, knackt, bricht, hackt, mahlt, fließt, tropft, ratscht, knistert, brodelt, surrt, scheppert ...! Nicht nur traditonelles Annähern an Museumsexponate und ihre darin und dahinter verborgene, meist vergangene Zeit, ihre Menschen, ihr Leben – das Geräusch weckt auf, macht lebendig, lässt ahnen, vollzieht nach, erinnert sogar und macht schließlich verständlich und begreifbar.

In einer Geräusche-Werkstatt arbeitet man mit Geräuschen. Dazu muss man hören (können). Kaspar H. Spinner skizziert den komplexen Vorgang des Hörens in vier Dimensionen:

1. Hören bezeichnet zunächst die Hörbereitschaft, die schon vorhanden sein kann (muss?), bevor etwas tatsächlich gehört wird.
2. Hören ist der sich ereignende akustische Wahrnehmungsakt (etwas dringt ans Ohr und wird zum Gehirn weitergeleitet).
3. Hören ist Hörverstehen (geistig-emotionale Verarbeitung des Gehörten).
4. Hören ist Hörerleben (beim Musikhören, bei der Rezitation, im Theater usw.).[17]

Hören im Kontext aktiver auditiver Medienarbeit präzisiert sich im beschriebenen Vorhaben als emotional-kognitive Rezeption bewusst und zielgerichtet erzeugter Geräusche um durch sie selbst und mit ihrer Hilfe Identifikation und Zuordnung von Handlungen, Arbeiten, Tätigkeiten, Bewegungen, Lebensäußerungen und historischen Lebensumständen schlechthin zu realisieren.

Vorstellungsbildung über das Gehör

Kann man mit den Ohren begreifen? Oder über das Ohr? Wer zweifelte daran, dass akustische Eindrücke, Geräusche und Musik (das monotone Rattern einer Fegemühle ist Musik!) Assoziationen und Gefühle wecken und erzeugen, dass beim Hören von Tönen u. U. sogar Farben wahrgenommen werden (Ton-Farb-Synästhesien).[18] Geräusche sind geeignet, Bewegung darzustellen. Leise Töne wirken entfernter als laute. Geräusche können zu einer Vorstellung davon führen und gleichsam ikonisch darstellen,»wie ein Hut im Wind entflieht, wie ein Stein rollt und beim Anschlag klingt, wie er zerspringt, oder wie ein Baum fällt, wie es in seinen Blättern rauscht, wie Bienen in seinen Blüten summen – die Bewegungen und die von ihnen erzeugten Klänge«.[19]

Es lassen sich durchaus außerakustische Inhalte transportieren. Geräusche sprechen, sie erklären und bebildern! Könnte man sonst eine Tonleiter hinaufgehen? »Vieles scheint darauf hinzuweisen, dass sich durch musikalische Impulse sprachliche Verarbeitungsprozesse vorbereiten und üben lassen.«[20] Auch die Musik der Töne und Klänge (als Geräusch!) führt zu Vorstellungen durch zunächst real existierende und später nur noch »innerlich« zu hörende Geräusche, und subjektives Erleben und Erfahren wird möglich durch akustische Prägung von Eindrücken und Erlebnissen.[21] Das führt zur Gewinnung von Bildern, Modellen, Erinnerungen über akustische Reize zu gleichzeitigem (vermeintlichem?) Wahrnehmen und Mitempfinden von optischen, geschmacklichen, geruchsgebundenen oder taktilen Impressionen, Ereignissen, Zuständen, Dingen, Bewegungen, Orten, Landschaften, Räumen u. v. a. m.

Doch bleibt der Sinnenzugang zu den Dingen der Welt insgesamt stets ganzheitlich, wenn auch punktuell von einem Sinn dominiert.

◄
Abb. 10:
Auf dem Waschbrett
Wäsche rubbeln.

▼
Abb. 11:
Ins knisternde Feuer
Holzstücke nachlegen.

Abb. 12: Im Butterfass Butter schlagen.

Abb. 13: Mit dem Hammer Nägel ins Holz schlagen.

Sprachbildung in der (Museums-)Werkstatt

Und was soll nur aus unserer »(volks)deutschen« (so zeit- und situationsbedingt bei Reichwein) Sprache werden? »Computer« gehört zu den ›100 Wörtern des Jahrhunderts‹.[22]

Erst die Rechtschreibreform, und jetzt Surfen, Browser, Support, User, Link, Chatroom, Mailbox, Proxy Server, Homepage, Einloggen, Downloaden, Cookies, Escape, Windows!

Dieses Vokabular in etwa zu erlernen wird man kaum umhinkommen. Und wie steht es um Wörter wie Bohnerbesen, Fegemühle, Waschbrett, Jauchefass und Küchenherd? Sollten nicht auch sie Raum haben um vor ihrem geschichtlichen Hintergrund mit Menschen einer bestimmten Region in einem bestimmten Zeitraum unter bestimmten Lebensbedingungen (ganz abgesehen von der Affinität zur Kindheitsbiographie Reichweins) Lernprozesse einzuleiten? Den besonderen Lernort Museum nutzen heißt: Man muss Dinge benennen, sie befühlen, benutzen, in Bewegung setzen und tönen lassen. Schon ist man mittendrin in schöpferischer Spracharbeit, schaut hin, fasst an, hört hin, drückt aus! Die Dinge bekommen einen (bisher vielleicht unbekannten) Namen, das Vorgehen, die Handlungen und die Absichten werden beschrieben. Man muss sie strukturieren, sie dem Leben der Menschen zuordnen, sie in Lebens-, Alltags- und berufliche Räume (hier: der Menschen im Westerwald) integrieren, sie gruppieren, über-, unter- und einordnen und in den Wohn- und Arbeitsbereichen »festmachen«!

Dann kann man sie befragen, ihr Verschwinden begreifen, ihren Nutzen verstehen, ihren (zeitlosen) Wert und das Zeittypische erkennen, ihren sozialen, kulturellen und entwicklungstechnischen Werdegang reflektieren und erörtern. Erst wenn diese Grunderfahrungen mit angemessener Sprache und korrekter Begrifflichkeit verbunden werden, tritt Bildungswirksamkeit ein.

Ein riesiges Feld sprachlicher Umgangs- und Arbeitsweisen tut sich auf, wie es z. T. in den unten abgedruckten Arbeitsvorschlägen zum Ausdruck kommt. Dabei kann vieles nur exemplarischen Charakter haben und Anstoß geben, es fordert Veränderung, Übertragung und Optimierung. Wer aber einmal Schmutzwäsche mit der Seife auf dem Waschbrett in der Bütte rubbelt, der wird sich das Geräusch und die Arbeit selbst immer vorstellen und sachgemäß beschreiben können! Und wenn es in der Küche auf dem Herd pfeift, dann ist es der »Wasserkessel«! Sein Pfeifen signalisiert mir die Hitze und das Knistern des Feuers, lässt mich das Hantieren mit den Metallringen über dem Zentrum des Herdfeuers nachempfinden, erinnert mich vielleicht sogar an einen blutigen Daumen nach Gebrauch der »Bügelsäge« oder an mühsames »Holzhacken« mit der »Axt« und dem »Beilchen« auf dem »Hauklotz«!

Aktive Medienarbeit: Produktion einer Audio-Cassette (»Geräusche aus dem Museum«)

Die Fragestellung:

Kann man in diesem (Werkstatt-)Museum auch etwas vom Leben und der Arbeit der Menschen im Westerwald hören? Welche Töne, Geräusche und Laute geben die Dinge aus dem Museum im Gebrauch von sich? Was hört man, wenn man mit ihnen umgeht, sie bedient, in Gang setzt? Welches Geräusch ist typisch für bestimmte Vorgänge und Arbeiten? Wie gut hören wir hin?

Die Werkstatt:

Was liegt näher, als in einer bereits existierenden »Werkstatt« (›Museum in der Schule‹ in der Regionalen Schule Selters), die sich thematisch konzentriert und authentisch dem Besucher (»User«?) öffnet, wirklich herumzukramen und zu stöbern und »Exponate« zum (akustischen) Leben zu erwecken? Die Schüler setzen Geräte in Bewegung, benutzen Werkzeuge, verrichten Tätigkeiten mit selbst gewählten Gegenständen. Die dabei auftretenden (typischen) Geräusche werden aufgezeichnet. Probieren und Experimentieren sind gefragt! Material gibt es in Hülle und Fülle! Die Werkstatt selbst ist strukturiert, geordnet, übersichtlich und aufgeräumt.

Das Zielprodukt:

Es soll eine Hörcassette entstehen (eine CD mit Geräuschen und passenden Fotos ist in Arbeit), die gemäß den Museumsbereichen Geräusche enthält, die sich mit dort ausgestellten Objekten relativ leicht erzeugen lassen. Sie soll mit textlichem Begleitmaterial versehen und so für potenzielle Besucher Vor- und Nachbereitungsmöglichkeiten sowie didaktische Anregungen bieten.

Die didaktische Intention und die Prinzipien:

- Es wird eine neue Zugangsweise ans Museale getestet
- Das Vorhaben vertraut und zielt auf permanente Motivation
- Es lässt Kreativität zu und lebt geradezu von ihr
- Es öffnet zahlreiche emotionale, manuelle und geistige Handlungsfelder
- Es fordert und fördert Medienkompetenz und verlangt kritisches und bewusstes Sehen und Hören
- Lernen an konkreten Objekten und Selbsttun ermöglichen Abstraktion. So macht man sich die Dinge leichter zu Eigen
- Sinnenhaftes Erfahren prägt und trägt länger als nur gedanklich-logisches
- Individuelles, partner- und gruppenorientiertes Lernen sind grundsätzlich gleich wertvoll und gleich effektiv
- Besondere Lernumgebungen bereichern die traditionellen schulischen Gegebenheiten
- Selbstkontrolle und Feedback durch die Mitlernenden fördern Selbstbewusstsein und Kritikfähigkeit

Die Motivation:

Uns fällt nichts ein? Probieren wir es doch einfach aus! Wer hat eine gute Idee? Wer entdeckt etwas Neues? Was klingt besonders interessant? Was lässt sich gut aufzeichnen? Was ist nicht so leicht umzusetzen? Was muss verworfen werden? Die Frage- und Suchhaltung, der Experimentiercharakter treiben an. Die Suche nach Perfektion nimmt zu. Es entwickelt sich Interesse an ähnlichen Arbeiten.

Die Qualität und Art der Arbeit:

Sie erfordert Sorgfalt und Präzision, ist kleinschrittig und ausdauernd.

Es wird Rohmaterial (Geräuschfetzen und -folgen) gewonnen und bearbeitet (Schnitt, Texterstellung, Fotografie, Kopie usw.). Die Arbeit ist produkt- und zielorientiert, Erfolg versprechend, nicht fachgebunden.

Sie verlangt und fördert Disziplin, Engagement, Selbstständigkeit, Textgestaltung, Sprachhandeln, Unbefangenheit, partnerschaftliches Agieren, medientechnisches Verständnis und gibt Raum für besondere oder brach liegende Begabungen.

Das Lernen:

- Es geht über das typisch schulische hinaus, begibt sich an einen anderen Ort
- Es ist praxisrelevant, kreativ und innovativ
- Es verlangt Planung und Konzeption
- Es übergreift die Altersstufen, impliziert Hilfe und Verantwortung
- Es fördert auch sprachliche Gestaltungskompetenz

Der Transfer:

Geräusche lassen sich auch in anderen Zusammenhängen und Themenkreisen selbst einfangen. Die Schüler werden dazu selbst Ideen entwickeln können. Darüber hinaus bietet der Medienmarkt z. B. auf Cassette oder CD:

Wassergeräusche, Geräusche auf dem Bauernhof, Abenteuer Regenwald, Alltagsgeräusche, Wettergeräusche, Waldgeräusche, Vogelstimmen, Geräusche aus Haus und Umwelt, Stimmen von Haus und Wildtieren sowie Sound-Effekte aus den verschiedensten Bereichen.

In Sprach- und Lesebüchern findet man gelegentlich Anregungen zur Geräusche-Erzeugung im Rahmen von Hörspielproduktionen. Vielleicht bietet es sich in diesem Zusammenhang einmal an einen bestimmten, selbst entwickelten Geräusche-Fundus zusammenzustellen!

Die Technik:

Vielen Schülern sind Walkman, Radio- und Kassettenrecorder, CD-Player, Videorecorder und -player sowie Fernseher und Computer nicht fremd, eine natürliche Unbefangenheit ist zumeist vorhanden. Dennoch sind eine Einweisung in die zur Verfügung stehenden Geräte und Probeaufnahmen dringend zu empfehlen.

Zum Einsatz kommen ein guter Kassettenrekorder (Pegel zum richtigen Aussteuern der Aufnahmen, Mikrophon-Eingang, Kopfhöreranschluss zum Mithören bei der Aufnahme, Batteriebetrieb für Außenaufnahmen) sowie ein taugliches externes Mikrophon (Windschutz für Aufnahmen im Freien). Das Landesmedienzentrum Rheinland-Pfalz in Koblenz unterstützt die Schulen gerne mit Leihgeräten und Know-how, eventuell auch vor Ort in einem »Medienmobil«.

Auch beim Audio-Schnitt erfährt man Hilfe mit entsprechender Software, die aber auch für Schulen schon relativ preiswert zu erwerben ist.

Schnittsoftware für den Computer gibt es im Handel und im Internet-Angebot.

Aufnahmetipps:

- Externes Mikrophon verwenden
- Mikrophon relativ nah an die Schallquelle heranführen
- Im Freien Windschutz aufstecken
- Raumakustik: Zu kahle Räume erzeugen zu viel Hall
- Griffgeräusche am Mikrophongehäuse vermeiden
- Eine Kabelschlaufe in der Hand entlastet die Steckverbindungen
- Die einzelnen Aufnahmen (»Takes«) nicht zu kurz wählen

Das Ergebnis:

a) Es wurden insgesamt 37 verschiedene Geräusche im und um das Museum aufgezeichnet
b) Sie wurden mit Schnittsoftware am Computer bearbeitet (kürzen,

ein- und ausblenden, ordnen, Tonhöhen verändern, mit Ansagen
versehen)

c) Sie wurden auf eine Master-Audio-Kassette überspielt und lassen
so gute Kopien zu

d) In die Kassettenbox wurde ein Foto-Cover mit einem Motiv aus
dem Museum eingelegt

e) Kopierfähiges Begleitmaterial liegt vor

Begleitmaterial (I bis IV)

- Die Geräusche wurden in Textform beschrieben und als Kopiervorlagen (Kärtchenmuster) erstellt (s. u.)
- Diese Vorlagen eignen sich in laminierter Form zum Ausschneiden, so dass mit den Kärtchen dauerhaft hantiert werden kann
- Es wurden erste Vorschläge entwickelt, wie mit den Karten, den
Kopiervorlagen und der Kassette vor- oder nachbereitend gearbeitet werden kann
- Die Kopiervorlagen können z.T. als Mittel zur Selbstkontrolle eingesetzt werden

I. Geräuscheliste

Folgende Geräusche wurden im Museum aufgezeichnet

1. am Wasserhahn Wasser in den Kessel einfüllen
2. mit dem Bohnerbesen den Holzfußboden bohnern
3. die Besteckschublade öffnen und Besteck einsortieren
4. mit dem Mühlchen Brot und Brötchen zu Paniermehl mahlen
5. mit der Kurbel den Fleischwolf drehen
6. den Kohlenkasten mit Holz und Kohlen füllen
7. mit der Wäschemangel Wäsche glätten
8. mit der Haspel die Wäscheleine auf- und abwickeln
9. auf dem Waschbrett Wäsche rubbeln
10. mit dem Wäschestampfer Wäsche in der Blechbütte tunken
11. mit dem Waschknüppel Wäsche im Waschkessel schwenken
12. im Butterfass Butter schlagen
13. mit dem Pumpenschwengel Wasser in den Trog pumpen
14. Milch aus dem Blecheimer in die Milchkanne gießen
15. mit dem Handmixer in der Schüssel Teig rühren
16. mit dem Hammer Nägel in Holz einschlagen
17. mit dem Fuchsschwanz eine Holzlatte durchsägen
18. mit der Eisensäge einen Nagel durchsägen

19. mit dem Hobel ein Kantholz hobeln
20. mit der Bügelsäge auf dem Sägebock Holzstücke absägen
21. mit der kleinen Axt Holzscheite spalten
22. an der Schuhputzmaschine Leder bearbeiten und Schuhe putzen
23. mit der großen Bohrmaschine Löcher in Holz bohren
24. mit der Kurbel die Fegemühle in Bewegung setzen
25. am Schraubstock mit der Feile ein Eisen feilen
26. auf dem Amboss mit dem Schmiedehammer ein Eisen hämmern
27. am Schleifstein ein Eisen schärfen
28. an der Kurbel der Kartoffelquetsche drehen
29. den Schwengel der Jauchepumpe hoch- und niederdrücken
30. mit dem Dreschflegel auf Getreide (Stroh) einschlagen
31. mit der Sichel Gras mähen
32. mit dem Hand-Rasenmäher Gras abmähen
33. mit der Peitsche knallen
34. mit dem Streichholz Feuer im Herd anzünden und es knistern lassen
35. ins knisternde Feuer Holzstücke nachlegen
36. im Kessel auf dem Herd Wasser kochen lassen
37. den Kessel pfeifen lassen und auf dem Herd verschieben

II. Museumsbereiche

Die Geräusche wurden den Museumsbereichen wie folgt zugeordnet:

A) in der Kochküche

- am Wasserhahn Wasser in den Kessel einfüllen
- mit dem Bohnerbesen den Holzfußboden bohnern
- die Besteckschublade öffnen und Besteck einsortieren
- mit dem Mühlchen Brot und Brötchen zu Paniermehl mahlen
- mit der Kurbel den Fleischwolf drehen
- den Kohlenkasten mit Holz und Kohlen füllen
- im Butterfass Butter schlagen
- mit dem Handmixer in der Schüssel Teig rühren
- mit dem Streichholz Feuer im Herd anzünden und es knistern lassen
- ins knisternde Feuer Holzstücke nachlegen
- im Kessel auf dem Herd Wasser kochen lassen
- den Kessel pfeifen lassen und auf dem Herd verschieben

B) in der Waschküche

- mit der Wäschemangel Wäsche glätten
- mit der Haspel die Wäscheleine auf- und abwickeln
- auf dem Waschbrett Wäsche rubbeln
- mit dem Wäschestampfer Wäsche in der Blechbütte tunken
- mit dem Waschknüppel Wäsche im Waschkessel schwenken

C) in der Schreinerwerkstatt

- mit dem Hammer Nägel in Holz einschlagen
- mit dem Fuchsschwanz eine Holzlatte durchsägen
- mit dem Hobel ein Kantholz hobeln
- mit der Bügelsäge auf dem Sägebock Holzstücke absägen
- mit der kleinen Axt Holzscheite spalten
- mit der großen Bohrmaschine Löcher in Holz bohren

D) in der Schusterwerkstatt

- an der Schuhputzmaschine Leder bearbeiten und Schuhe putzen

E) in der Schmiede

- am Schraubstock mit der Feile ein Eisen feilen
- auf dem Amboss mit dem Schmiedehammer ein Eisen hämmern
- am Schleifstein ein Eisen schärfen
- mit der Eisensäge einen Nagel durchsägen

F) Futter-Zubereitung

- an der Kurbel der Kartoffelquetsche drehen
- Milch aus dem Blecheimer in die Milchkanne gießen
- mit der Kurbel die Fegemühle in Bewegung setzen

G) Düngen

- den Schwengel der Jauchepumpe hoch- und niederdrücken

H) Ernten

- mit dem Dreschflegel auf Getreide (Stroh) einschlagen
- mit der Sichel Gras mähen

I) Wasser holen

- mit dem Pumpenschwengel Wasser in den Trog pumpen

J) die Wiese pflegen

■ mit dem Hand-Rasenmäher Gras abmähen

K) Aus der Arbeit des Fuhrmannes

■ mit der Peitsche knallen

III. Geräuschekarten

Zur weiteren Arbeit wurden die benamten Geräusche-Aufzeichnungen in Rastern (in Form rechteckiger Kärtchen) aufgeschrieben (s. Anhang I)

IV. Arbeitsvorschläge

(Mit den Schülern kann in Einzel-, Partner- oder Gruppenarbeit z. B. realisiert werden:

1. Kärtchen den Museumsbereichen zuordnen
   - ■ *Schneide* die Kärtchen aus (Kopiervorlagen!) und *ordne* sie den Museumsbereichen A) bis K) *zu*! (Selbstkontrolle!)
   - ■ *Lege* sie gestapelt *aufeinander*! (11 Stapel!)
   - ■ *Klebe* oder *schreibe* sie übersichtlich *auf*!

2. Kassette abhören – Karten ordnen
   - ■ *Lies* dir die Kärtchen gut *durch*!
   - ■ *Höre* dann die Kassette *ab* und *lege* die Karten passend zu den gehörten Geräuschen in der richtigen Reihenfolge *hin*!
   - ■ *Klebe* oder *schreibe* sie geordnet *auf*! (Selbstkontrolle!)

3. Nomen suchen – alphabetisch ordnen
   - ■ *Schreibe* von den Karten alle Nomen *ab*!
   - ■ *Ordne* sie *alphabetisch*! (Selbstkontrolle)

4. Verben suchen – alphabetisch ordnen
   - ■ *Schreibe* von den Karten alle Verben *ab*!
   - ■ *Ordne* sie *alphabetisch*! (Selbstkontrolle!)

5. Adjektive suchen
   - ■ *Schreibe auf*, wie die Dinge im Museum aussehen, wie sie sich anfühlen, wie sie schmecken, wie sie riechen, wie sie klingen! (z. B. nass, spitz, bedrohlich, kalt, frisch, hell, …)
   - ■ *Ordne* sie *alphabetisch*!

6. Oberbegriffe finden
- Hier stehen einige Oberbegriffe. *Suche* noch weitere!
- *Ordne* die Nomen so weit wie möglich den Begriffen *zu!*
- *Lege* eine übersichtliche *Tabelle* in Spalten oder Zeilen *an!*

Oberbegriffe:
Behälter, Putzgerät, Einrichtungen im Haus, Werkzeuge, Küchengeräte, Nahrungsmittel, Teile von Geräten, Naturstoffe, Brennmittel, Kleidung, Geräte zur Wäschepflege, Baustoffe, größere Maschinen und Einrichtungen, Erntegeräte, Energiespender, ...

- *Schreibe* deine Lösung etwa so *auf:*
Nahrungsmittel: Milch, Butter, ...
Brennmittel: Holz, ...
- *Tragt* eure Lösungen *vor* und *besprecht* sie!

7. Sätze bilden
- *Staple* die Karten *aufeinander!*
- *Ziehe* 3 Kärtchen *heraus* und *bilde* dazu sinnvolle *Sätze* wie:
  - Wenn die Pferde oder Kühe zu langsam gehen, knallt der Fuhrmann mit der Peitsche.
  - Wenn man die Kartoffeln zermahlen will, muss man an der Kurbel der Kartoffelquetsche drehen.
  - Wenn man den Teig in der Schüssel hat, kann man ...
- *Arbeite* entsprechend *weiter!*
- *Verwende* ähnliche (oder auch ganz andere) *Satzmuster* (z. B. Sätze mit als, obwohl, während, weil, da, nachdem, indem, ...)!
  - *Er verletzte sich mit dem Schmiedehammer*, als er auf dem Amboss ein Eisen hämmerte.

8. Geräusche selbst herstellen
- *Hört* die Kassette genau *ab* und *sprecht* über die gehörten Geräusche!
- *Versucht* im Museum alle diese Geräusche *selbst herzustellen!*

9. Beschreibungen anfertigen
- *Beschreibe* einzelne Geräte oder auch Vorgänge und Tätigkeiten!
- *Sieh* dir die Sachen natürlich vorher *genau an!*
- *Lies* etwas darüber und *suche* und *frage* nach Erklärungen!

Beschreiben lässt sich z. B.:
a) *So entfache ich Feuer im Küchenherd*
b) *So bereite ich Bratkartoffeln zu*
c) *Was ist eine Fegemühle?*
d) *Wie wurde früher (vor etwa 50 Jahren) Wäsche gewaschen?*
e) *Wie wurde früher gebügelt?*
f) *Wie wurde früher Wasser erhitzt?*
g) *Wie wurden früher die Felder und Wiesen gedüngt?*
h) *Wie wurde Jauche gewonnen, transportiert und ausgebracht?*
i) *Wie wurde der Fußboden gepflegt?*
j) *Schreibe auf, wie ein Butterfass aussieht und wie es funktioniert!*

10. Fotos herstellen
- *Fotografiere* einzelne Gegenstände und Tätigkeiten aus dem Museum!
- *Lege* eine *Foto-Mappe an!*
- *Schreibe* zu den Bildern Erklärungen oder kleine Beschreibungen!
- *Lass dir* von einem Experten *helfen und dich beraten!* (Lehrer, Bekannte, Verwandte, Freunde, Geschwister, usw.)

11. Eigene Kärtchen herstellen
- *Stelle* eigene Kärtchen *her*, die nicht unbedingt Geräusche benennen müssen! (s. Blanko-Kopiervorlage!)
- *Beschrifte* sie mit Tätigkeiten, die du im Museum selbst verrichtet hast!

Beispiele:
– *mit dem Flaschenzug einen schweren Eimer hochziehen*
– *mit der Sackkarre einen Kartoffelsack fahren*
oder
– *sich aufs alte Plumpsklo setzen*
– *die spitzen Zähne an der Egge fühlen*

12. Lücken mit Nomen ergänzen
- Aufschreiben und Ausfüllen, Diktieren:

Beispiele:
»im ... Butter schlagen«
»mit dem ... ein Kantholz hobeln«
»auf dem ... Wäsche rubbeln« (Selbstkontrolle!)

13. Begleit-Fotos zur Cassette herstellen
- *Fotografiere* zu den Geräuschen der Cassette die passenden Motive
- *Nummeriere* sie und *biete* sie laminiert in Kartenform *an*!

14. Weitere Geräusche aufzeichnen
- *Suche* weitere/andere Geräusche im Museum
- *Schreibe* sie *auf, zeichne* sie *auf, mach Fotos!*

15. Vergleichbare Geräusche ausdenken
- *Denk* dir vergleichbare Geräusche *aus!*
- *Beschreibe:*
»Das hört sich an wie knisterndes Papier!«
»Das hört sich an wie ein Kreiselmäher!«
»Das hört sich an wie ...!«

16. Zum Museumsbesuch animieren
- *Entwirf und gestalte* einen Werbezettel, der zum Museumsbesuch anregen soll
- *Platziere* Text und grafische Elemente oder ein Foto werbewirksam!

Anhang I: Beispiel einer Kopiervorlage

den Kohlenkasten mit Holz und Kohlen füllen	mit dem Wäschestampfer Wäsche in der Blechbütte tunken
mit der Haspel die Wäscheleine auf- und abwickeln	mit dem Waschknüppel Wäsche im Waschkessel schwenken
auf dem Waschbrett Wäsche rubbeln	im Butterfass Butter schlagen
mit dem Pumpenschwengel Wasser in den Trog pumpen	mit dem Hammer Nägel in Holz einschlagen

Anhang II: Geräusche-Werkstatt: Tipps zum Erzeugen von Geräuschen aus verschiedenen Bereichen

Autotür	Ein dickes Buch zuschlagen
Bach (klein)	Aus einer Gießkanne einen dünnen Wasserstrahl in eine mit Wasser gefüllte Schüssel gießen
Brandung	Erbsen in einer Schachtel hin- und herrollen
Bremsen (Auto)	Mit einer Gabel auf einem Teller kratzen
Computerstimme	Stimme normal aufnehmen. Über Kopfhörer abspielen und so wieder aufnehmen. So lange wiederholen, bis die Stimme gefällt.
Dampfertuten	In mit Wasser gefüllte Flaschen hineinblasen. Je mehr Wasser, desto höher klingt das Tuten.
Dampflokomotive	Sandpapierstreifen rhythmisch gegeneinander reiben
Donner	Dünnes Blech in der Luft schütteln oder Murmeln in einem aufgeblasenen Luftballon gegeneinander schlagen lassen
Fahrgeräusche	Durch Hin- und Herschieben von Rollschuhen lassen sich je nach Untergrund verschiedene Fahrgeräusche imitieren
Fahrradgeklapper	Einen Regenschirm ohne Bespannung schütteln und ab und an mal klingeln
Feuer	Zellophan dicht vor dem Mikrophon zerknüllen oder kleine Hölzchen vor dem Mikrophon zerbrechen
Flugzeug	Fön vor dem Mikrophon anstellen, dazwischen Pappe bewegen
Geisterstimme	In eine Pappröhre sprechen und gleichzeitig das andere Ende in einen leeren Eimer stecken, das Mikrophon direkt neben den Eimer halten.
Glocken	hell: Glas mit Metall oder Fingernagel anschlagen dunkel: Kuchenblech mit Fingerkuppe anschlagen
Hagel	Reis in eine Blechdose rieseln lassen und dabei das Mikrophon dicht an die Dose halten
Halleffekt	In eine schräg stehende Metallbütt sprechen – Aufnahme über ein mit Tüchern umwickeltes Mikrophon

Holzscheite und Äste knacken	Streichholzschachteln zerdrücken
Holztür aufbrechen	Obstkiste auseinander brechen
Meeresrauschen	Mit einer Nagelbürste über ein Kuchenblech in kreisenden Bewegungen streichen, durch den Druck das Heranbrausen bzw. Weglaufen der Wellen imitieren; oder Murmeln in einen Luftballon stecken, diesen aufblasen und Murmeln langsam hin- und herrollen lassen
Motorboot	Einen eingeschalteten Mixer in einen mit Wasser gefüllten Eimer halten (Vorsicht!)
Pferdegetrappel	Zwei Kokosnusshälften abwechselnd am oberen oder unteren Rand gegeneinander schlagen (evtl. mit Tüchern umwickeln)
Pistolenknall	Mit einem Lineal auf die Tischplatte schlagen
Regen	Reis in eine Pappschachtel rieseln lassen
Regen (schwach)	Feiner Sand rieselt auf straff gehaltenes Butterbrotpapier
Regen (stark)	20-30 Trockenerbsen auf einem engmaschigen ebenen Sieb hin- und herschütteln
Schlägerei	Mit den Händen auf die Schenkel schlagen und/oder in die eigenen Hände boxen, evtl. noch Schmerzgeräusche machen.
Schritte	Im Laubwald: Alte Tonbänder zusammenknüllen und rhythmisch zusammendrücken. Im Schnee: Säckchen mit Kartoffelmehl benutzen. Im Sand oder auf Kies: Zellophan benutzen
Schritte auf Sand	Einen Beutel mit Reis vor dem Mikrophon im Schrittrhythmus aufstampfen
Sphärenklänge	Mit feuchtem Finger über den Rand eines leeren Glases streichen
Sprung ins Wasser	Ein mit Sand gefülltes Säckchen in eine mit Wasser gefüllte Schüssel werfen
Sturm	Ein Seiden- oder Kunstseidenstreifen wird über die scharfkantige Seite eines Holzlineals gezogen. Je kräftiger man zieht, desto stärker weht der Wind.
Telefonstimme	Nase zuhalten und in einen leeren Joghurtbecher sprechen, das Mikrophon neben den Becher halten.

Todesschrei	Man benötigt einen Kassettenrekorder mit zwei Bandgeschwindigkeiten. Das Geschrei eines Babys mit erhöhter Bandgeschwindigkeit aufnehmen, dann mit langsamer Geschwindigkeit wieder aufnehmen
Türknarren	Eine Holzschraubzwinge mit wenig Öl benetzen und langsam zuschrauben
Unfallgeräusch	Einen mit Besteck gefüllten Kochtopf fallen lassen
Vorhang aufrollen	Aufrollen einer dicken Landkarte
Wellen auf See	Eine Schüssel mit Wasser füllen und mit der Hand darin herumplätschern
Wind	Über Weichholzplatten ein Stück Seidenstoff ziehen, je nach Geschwindigkeit wird die Windstärke variiert; oder mit einer Kleiderbürste über Pappe oder Stoff in kreisenden Bewegungen streichen; oder durch leichtes Blasen über ein Weinglas.
Zugabfahrt	Zwei Schaumstoffschwämme dicht vor dem Mikrophon aneinander reiben.
Zuggeräusch	Zwei Brettchen, die mit Schleifpapier bezogen sind, rhythmisch aneinander reiben
Zusammenstoß	Blechplatten mit kurzer Verzögerung hinwerfen
Zwergen- und Riesenstimme	Für die Zwergenstimme nimmt man mit langsamer Bandgeschwindigkeit die eigene Stimme auf und spielt sie mit der schnelleren Geschwindigkeit wieder ab. Für eine tiefe Riesenstimme macht man es genau umgekehrt.

Anmerkungen

1 *Klafki* 1993, S. 7
2 *Reichwein* 1964, S. 13
3 Ebd., S. 53
4 Ebd., S. 42
5 *Adolf Reichwein* 1974, S. 253
6 *Amlung* 1999a, S. 333
7 *Reichwein* 1993, S. 222
8 Ebd.
9 *Fricke* 1988, S. 36
10 *Reichwein* 1964, S. 151

11 Ebd., S. 153
12 Ebd.
13 Ebd., S. 159
14 *Reichwein* 1993, S. 231
15 *Medienerziehung* in der Schule 1995, S. 15
16 Vgl. *Lehrplan* Deutsch 1998, S. 29-31
17 *Spinner* 1988, S. 17
18 Vgl. *Holoubek* 1999, S. 41
19 Ebd.
20 Ebd., S. 42
21 Vgl. *Abraham* 1999, S. 14ff.
22 Rhein-Zeitung (Nr. 72) vom 26.3.1999, S. 32

3. Interview mit Wolfgang Klafki[1]

3.1 Was wir von Reichwein heute noch lernen können

Herr Klafki, schön, dass wir Sie begrüßen können. Der Hauptanlass unserer Begegnung ist ja der 100-jährige Geburtstag von Adolf Reichwein. Von daher die erste Frage: Kann Adolf Reichwein heute noch ein Vorbild sein?

Mit »Vorbild« habe ich meine Schwierigkeiten, weil das Wort so hohe Ansprüche enthält. Ich würde die Frage umformulieren in: Können wir von Reichwein im weiten Sinne des Wortes heute noch etwas lernen? Diese Frage bejahe ich mit großem Nachdruck.

Mich beeindruckt an Reichweins Leben und Werk insbesondere seine Glaubwürdigkeit: Dieser bündige Zusammenhang zwischen seinem Denken, seinen Zielvorstellungen und seinem konsequenten Handeln bis zu jener grausigen Konsequenz, die ihm dann widerfahren ist. Diese Glaubwürdigkeit spiegelt sich auch in seinen Freundschaften, in seinem Verhältnis zu Kindern, zu jungen Menschen, zu jungen Arbeitern.

Ein zweites Moment – eng damit zusammenhängend – ist für mich seine Offenheit für Welt und Menschen. Das Immer-wieder-neu-beginnen-Können, das Auf-andere-Menschen-hören-Können und das Sich-selbst-in-die-Beziehung-zu-anderen-Menschen-einbringen-Können.

Das hat eine dritte Konsequenz, die nicht bei allen Reformpädagogen in dieser Weise gezogen worden ist, nämlich die Aufhebung der Vorstellung, Kinder und junge Menschen müssten sich im Wesentlichen aus sich selbst heraus entwickeln. Reichwein hat zwar diese Formel auch des Öfteren benutzt, aber es wird doch bei ihm sehr deutlich, dass er sehr wohl Aufgaben und Anforderungen stellte, kritisch sich äußerte im pädagogischen Bezug, also nicht nur auf die Selbstkräfte der jungen Menschen setzte, sondern auf Begegnung, auf Gespräch, auf Anregung, auf Auseinandersetzung, auch auf Kritik und möglicherweise auf Konflikt als wesentliche Elemente

---

[1] Das Interview wurde von Rainer Kalb videografiert, die Fragen stellte Uli Jungbluth. Beim vorliegenden Text handelt es sich um die von Jungbluth/Kalb vorgenommene schriftsprachliche Fassung, die Wolfgang Klafki autorisierte.

menschlicher Entwicklung. Dies ist ein weiteres Element seiner Pädagogik, von dem wir lernen können, unabhängig von der Frage, ob nun jede einzelne methodische Form, die er verwendet hat, heute noch von uns so akzeptiert wird und so realisiert werden kann.

Und was wäre von der didaktischen Seite her von Reichwein zu lernen?

Reichwein verstand Schule oder auch Arbeiter- und Erwachsenenbildung nicht als einfache abhängige Variablen eines gegebenen Zustandes, eines historisch überkommenen Kulturzustandes, sondern er fragte nach der Lebensbedeutung dessen, was wir Kindern, jungen Menschen, lernenden Erwachsenen zumuten, nach dem Gegenstand von Bildung. Auswahlkriterium war für ihn der Zusammenhang von Denken, Begreifen, Weltverstehen einerseits und Umsetzen in Handeln, also im engeren Sinne des Wortes Didaktik als Theorie und Nachdenken über Bildungsinhalte und Bildungsanforderungen. Die Frage also: Was bedeutet dieses oder jenes für das Leben bestimmter Menschen in einer ganz bestimmten historischen, politischen, kulturellen Situation?

Mit diesem didaktischen Grundkriterium haben heute noch etliche Lehrerinnen und Lehrer Schwierigkeiten, weil sie beispielsweise allein von ihren Fächern her denken und nicht fragen: Was kann z. B. Mathematik, was können Naturwissenschaften oder geschichtliches Wissen usf. dazu beitragen, dass Menschen ihre Gegenwart und Zukunft besser verstehen und bewältigen können?

Das scheint mir ein didaktisches Grundprinzip zu sein, das Reichwein zu einem von mehreren Leitprinzipien seiner pädagogischen Arbeit gemacht und das nach wie vor Bedeutung hat.

3.2 Schlüsselprobleme

Nun haben Sie ja selbst den Ansatz gemacht, die Frage nach den Bildungsinhalten und -anforderungen – also die didaktische Frage – durch die Orientierung an Schlüsselproblemen zu formulieren. Gibt es dabei auch Rückgriffe auf Reichwein?

Direkt zunächst einmal nicht, aber man kann seine Arbeit durchaus unter diesem Gesichtspunkt betrachten. Für ihn war z. B. bereits in

den 20er Jahren klar, dass die Zeit der mehr oder minder isolierten
und miteinander konkurrierenden Nationalstaaten an ihr Ende gekommen ist, dass die Perspektive, in der auch nationale Kulturen
sich weiterentwickeln müssten, eine erstens europäische und zweitens eine Weltperspektive sein müsste.

Dieser – heute oft nur eng ökonomisch verstandene – Gedanke der
Globalisierung, der Vernetzung der verschiedenen Welträume, der
Begegnung von Kulturen war einer, der für ihn zentrale Bedeutung
hatte. Das drückte sich auch in seinen großen Reisen und in seinen
wirtschaftswissenschaftlichen Studien aus. Man kann in der Pädagogik seiner Zeit nicht viele Personen nennen, die diese Perspektive
gehabt haben.

Ein anderes Kernproblem war das der sozialen Gerechtigkeit. Seine
ganze Bemühung ging ja dahin, die Klassen- und Schichtenspaltun-
gen schrittweise zu überwinden. Und er setzte auf die Lernfähigkeit
gerade auch der Schichten, die sich in einer günstigeren sozialen Situation befanden und sich einen anspruchsvollen Bildungsstand hatten aneignen können; er forderte sozusagen deren Verantwortlich-
keit gegenüber denen ein, die bis dahin von vergleichbaren Lebens-
und Bildungsmöglichkeiten abgeschottet waren.

Das ist eine der Perspektiven, für die man in meinem Konzept der
Schlüsselprobleme Parallelen bei Reichwein finden kann oder für
die ich bei meiner erneuten, intensiveren Beschäftigung mit Reichwein einen Gewährsmann gefunden habe.

Ich möchte noch eines hinzusetzen: Ich bin manchmal missverstanden worden, als wenn ich der Meinung wäre, man könne und müsse alles, was wir heute in der Schule tun, herleiten und beziehen auf
die Auseinandersetzung mit solchen Schlüsselproblemen. Der Meinung bin ich nicht. Ich glaube nicht, dass wir unseren gesamten
Unterricht schlüsselproblemorientiert gestalten können, nicht zuletzt deswegen, weil die Auseinandersetzung mit diesen Problemen
ja auch psychisch und intellektuell mit sehr hohen Belastungen verbunden sein kann. Die Auseinandersetzung mit Krieg und Frieden,
mit alten und insbesondere neuen Formen der Kriminalität, die
Auseinandersetzung mit anderen Religionen, anderen Kulturen usw.
enthält immer auch Verunsicherungsfaktoren und kann zu Ängsten
und Belastungen führen. Was wir Kindern in der Schule oder auch
Erwachsenen in der Erwachsenenbildung damit zumuten, ist so an-
spruchsvoll, dass ich nicht glaube, dass man sie ununterbrochen unter diesen Anspruch stellen kann. Es muss auch Phasen geben, in

denen Entlastendes, Heiteres, ästhetisches Gestalten, Freude, Genuss, Entspannung im Vordergrund stehen und nicht nur Auseinandersetzung mit schwierigen Problemstellungen. Insofern gilt also: Für mich ist heute dieser Gedanke der Schlüsselprobleme ein unverzichtbarer Orientierungspunkt für die Auswahl von Inhalten, von Themen des Lehrens und Lernens, aber ich möchte ihn keineswegs totalisieren.

Welche Gewährsleute – außer Reichwein – waren noch konkret maßgebend für ihre Konzeption allgemein und im Hinblick auf Schlüsselprobleme?

Man kann an verschiedenen Stellen Anklänge an das Schlüsselproblem-Prinzip finden, aber ich kenne keine andere didaktische Position, in der etwas Entsprechendes so versucht worden ist, wie ich das vorgeschlagen habe.

Also wären Sie ihr eigener Gewährsmann?

Wenn man so will, ja, allerdings mit einer Fülle von Bezügen. Ich habe das ja eben schon an Reichwein deutlich zu machen versucht. Sieht man sich unter diesem Gesichtspunkt frühere aufgeschlossene Denker und Praktiker, ihre Versuche und Schriften an, so findet man mindestens implizit immer wieder Anstöße dazu.

Man kann sie beispielsweise in der Didaktik eines meiner Lehrer, Erich Weniger, finden, aber auch bei Theodor Litt. Ein Beispiel: Die Bedeutung und die Notwendigkeit einer kritischen Auseinandersetzung mit Möglichkeiten, Grenzen und Gefahren der modernen Naturwissenschaften ist von ihm auf einer relativ grundsätzlichen Ebene erörtert worden. Ich bin ja auch Litt-Schüler, habe aber das *generelle* Prinzip, die These, dass die schrittweise gestufte Auseinandersetzung mit epochaltypischen Schlüsselproblemen der modernen Welt eine unverzichtbare Dimension jeder zeitgemäßen Bildungskonzeption sein müsse, bei ihm damals noch nicht herausgelesen, sondern es sozusagen von rückwärts her wieder entdeckt; dabei gehe ich weit über Litt hinaus, nicht zuletzt auch kritisch: Die Beziehungen zwischen pädagogischer Theorie und Praxis auf der einen und gesellschaftlich-politischen Strukturen andererseits kamen bei ihm nicht differenziert zur Sprache.

Das Gespräch mit großen und bedeutenden Figuren auch der pädagogischen Tradition gibt durchaus den Hintergrund für mein Denken ab, aber der spezielle Einfall – ich könnte jetzt gar nicht genau sagen, seit wann er sich bei mir entwickelt hat. Ich arbeite seit 10 oder 12 Jahren an diesem Konzept und verfechte es. Einen bestimmten Moment oder eine zündende Erfahrung, in dem sozusagen der Durchbruch erfolgt ist, vermöchte ich nicht zu benennen.

Und die Rolle von Karl Marx?

Er ist als einer der Theoretiker, die den Zusammenhang von kultureller und politischer Entwicklung und ökonomischen Verhältnissen in den Vordergrund gerückt haben, unverzichtbar. Dabei habe ich aber die Verabsolutierung des Gedankens, dass alle Bewusstseinsinhalte letztlich nur Spiegelungen ökonomischer Verhältnisse seien, von Anfang an, also auch bei meiner frühen Marx-Lektüre, als unhaltbar betrachtet. Auch Reichwein hat, wie ich erst jetzt bemerkt habe, in dieser Hinsicht eine ähnliche Auffassung vertreten.

Es ist ja alles im Fluss. Wären die Schlüsselprobleme im Blick auf 2000plus zu modifizieren oder zu ergänzen? Sehen Sie z. B. den Nationalsozialismus als Schlüsselproblem? Wie viele Schlüsselprobleme braucht der Mensch in Zukunft, und welches sind die konkreten Schlüsselprobleme?

Ich habe in allen meinen bisherigen Veröffentlichungen darüber betont, dass die sieben Schlüsselprobleme, die ich mehrfach genannt und jeweils etwas weiter untergliedert habe, keineswegs ein vollständiger Katalog sind. Die Nationalsozialismusproblematik ist für Deutschland, nicht zuletzt auch für ein neues Begreifen unserer Geschichte im Hinblick auf die Entwicklung zu einem vereinten, weltoffenen Europa zweifellos ein Schlüsselproblem.

Ich könnte Ihnen jetzt gar nicht sagen, warum ich das bisher bei meinem Aufriss nicht nachdrücklich genug betont habe.

Im Übrigen habe ich immer hervorgehoben, dass Schlüsselprobleme sich im Laufe des historischen Prozesses verändern können, d.h.: Es ist möglich und wahrscheinlich, dass im weiteren geschichtlichen Entwicklungsprozess neue, fundamental bedeutsame Probleme auftauchen, die sich in nationaler, kontinentaler oder weltweiter Perspektive in den Vordergrund drängen werden. Man erkennt dann hoffentlich rechtzeitig, dass man sich mit ihnen auseinandersetzen muss. Andere Probleme können dann ggf. stärker in den Hintergrund treten oder – leider noch keines von denen, die ich genannt habe – als im Wesentlichen gelöst gelten, so dass man auf sie nicht mehr so viel Zeit, Denk- und Handlungskraft verwenden muss.

Aber noch einmal: Volle Zustimmung zu Ihrer These: Für unsere Situation ist die Auseinandersetzung mit dem Nationalsozialismus nach wie vor ein Schlüsselproblem, das Schulen ernster nehmen müssen, als sie es bisher getan haben, und das noch einmal gründlicher durchdacht werden muss, als das an vielen Stellen ansatzweise bereits geschehen ist. Das Problem ist keineswegs erledigt, und Schulen täten etwas ganz Fragwürdiges, wenn sie sagen würden: Na ja, das ist doch nun mittlerweile wirklich Historie, nun sollten wir die Dinge mal auf sich beruhen lassen. Nein, sie ruhen leider nicht, und deswegen müssen wir auf sie zugehen und uns mit ihnen beschäftigen.

3.3 Methodenproblematik

Sie sind ein Verfechter des Primats der Inhalte. Wie sehen Sie aus der heutigen Sicht das Verhältnis zwischen Inhalten und Methoden?

Meine Position in dieser Hinsicht versuche ich seit mindestens 10 oder 15 Jahren zu verdeutlichen. Zunächst einmal: Beide, die Methodendimension und die Inhaltsdimension müssen bezogen werden auf die übergreifende Frage nach den Zielen. Was will ich eigentlich im Unterricht erreichen? Ist mein Ziel Entwicklung von Kritikfähigkeit, selbständiger Lernfähigkeit von Kindern, Einsicht in die Bedeutsamkeit von Schlüsselproblemen wie z. B. der Welternährungsproblematik, des Umweltproblems, der nach wie vor akuten Problematik von Krieg und Frieden, der keineswegs gelösten und immer wieder aufbrechenden Frage der gesellschaftlichen Ungleichheit innerhalb der einzelnen Gesellschaften und im Verhältnis von so genannten entwickelten und wenig entwickelten oder Entwicklungsländern und so fort. Also: Die Auswahl von Inhalten des Unterrichts muss zunächst einmal bestimmt werden von einer Klärung der Zielsetzungen her.

Unter diesem Gesichtspunkt erfolgt die Auswahl von Inhalten. Welchen Stellenwert soll beispielsweise das Thema Nationalsozialismus – seine Vorgeschichte, seine Nachwirkungen bis heute – haben, oder welche Bedeutung hat es, dass Kinder oder Jugendliche nicht nur physikalische Gesetzmäßigkeiten auf irgendwelchen Niveaus lernen und sich aneignen, sondern ein elementares Verständnis dafür gewinnen, wie denn eigentlich naturwissenschaftliche Erkenntnisse zustande kommen: dass sie Antworten auf Hypothesen sind, dass sie niemals letztgültige Antworten geben können. Und nicht zuletzt: dass sie nicht »die« Wirklichkeit abbilden, sondern Wirklichkeit unter streng eingegrenzten, eben naturwissenschaftlichen Perspektiven erforschen, um zu überprüfbaren Aussagen zu kommen. Also: Die Auswahl der Inhalte muss orientiert sein an den übergreifenden Zielsetzungen, die wir verfolgen.

Und nun zum Verhältnis von Inhalten und Methoden, und zwar angesichts der eben betonten Bindung *beider* Aspekte an die Zielfrage: Nach wie vor betone ich, dass es bei Methoden im weiteren Sinne des Wortes doch immer darum geht, dass dadurch *etwas* angeeignet, gewonnen werden soll. Z. B. ist auch die Fähigkeit, im Team zu arbeiten, eine jeweils durch den Inhalt, um den es bei Teamarbeit geht, mitbestimmte Aufgabe, und daher können Methoden nur bestimmt werden in der Beziehung zu bestimmten Inhalten und nicht unabhängig von ihnen. Auf der anderen Seite ist es allerdings ebenfalls unverzichtbar, dass bestimmten zielorientierten Inhalten angemessene, auf die Ausgangsbedingungen, die Aneignungsinteressen und die Aneignungsmöglichkeiten der Lernenden zugeschnittene Methoden/Verfahrensweisen zugeordnet werden.

Also: Diese unauflösbare Beziehung zwischen Zielen, Inhalten und Methoden enthält doch einen »sachlogischen« Primat der Ziel- und Inhaltsentscheidungen gegenüber den Methodenentscheidungen. Das bedeutet aber keinesfalls, dass damit die Methodenproblematik abgewertet wird. Ihre jeweilige, einfallsreiche Lösung ist unverzichtbar, und die bestbegründete Inhaltsentscheidung bleibt wirkungslos, wenn es uns nicht gelingt, Kindern oder Jugendlichen und der Sache angemessene Methoden für ihre Aneignung zu finden.

Haben wir Kriterien dafür, die uns helfen können, die Kind- bzw. Jugendorientierung von Methoden näher zu bestimmen?

Ich glaube, dass wir solche haben. Zunächst einmal müsste es darauf ankommen zu fragen und zu untersuchen: In welcher Weise begegnen eigentlich Kinder und junge Menschen etwa historischen oder politischen Problemen? Und wie setzen sie sich damit auseinander?

Da wird man immer wieder auf die Beobachtung stoßen, dass das persönliche Angesprochen-Sein, die in irgendeinem Grade persönlich empfundene Bedeutsamkeit eine der notwendigen Voraussetzungen dafür ist, dass jemand Interesse an der Auseinandersetzung mit einem Problem gewinnt.

Man wird nun immer wieder feststellen, dass für viele Kinder und Jugendliche (übrigens auch für viele Erwachsene) *handelnde Umgangsformen* ein Weg sind, Interesse an der Auseinandersetzung mit Problemen zu finden. So kann man eine ganze Reihe von Gesichtspunkten nennen, die uns helfen können, kind- und jugendgemäße Methoden zu entwickeln, wobei man dann immer auch auf die speziellen Sozialisationsvoraussetzungen der betreffenden Kinder und Jugendlichen achten muss.

So gibt es bekanntlich Kinder, die in ihrer familiären und außerschulischen Sozialisation bisher kaum darin gefördert worden sind, sich längere Zeit etwa auf dem Weg über Texte mit irgendeiner Inhaltsproblematik zu beschäftigen, mag es sich auch um einen so elementaren (d.h. aber keineswegs: belanglosen!) Text wie eine kleine Erzählung über eine Krise in einer Kinderfreundschaft oder die Sorge um den erkrankten Hund der Familie handeln. Eine solche »Sperre« gegenüber Texten bedeutet aber nicht, dass diese Kinder dafür grundsätzlich unbegabt oder dazu unfähig wären. Aber es ist eben ein Unterschied, ob Kinder oder Jugendliche etwa in ihrer Familie oder in ihrer außerfamiliären Sozialisation früh Spaß am Lesen oder am Zuhören, wenn vorgelesen wird, gewonnen haben, oder ob ihnen das fremd ist. Vielleicht sind ihre Auseinandersetzungen mit Wirklichkeit bisher fast immer das Probieren, das Handeln, das Basteln, das gegenständliche Umgehen, das Auseinandernehmen, das Montieren gewesen, so dass man sie an dieser Stelle gewinnen kann; wenn es also gelingt, einen »theoretischen« Inhalt in solche Handlungsformen zunächst zu übersetzen und ihnen dann schrittweise verständlich zu machen, dass es zum Verstehen von Wirklichkeit immer wieder auch längerer »theoretischer« Anstrengungen und symbolisch vermittelter Zugangs- und Auseinandersetzungsformen wie etwa des Lesens bedarf. *Zunächst* würde ich sie möglicherweise mit einem solchen Anspruch überfordern: Sie würden sagen:»Das ist uninteressant.« Wenn sie es ausdrücken könnten, würden sie etwa erläutern:»Das ist deswegen uninteressant, weil ich damit nichts anfangen, nichts ‹machen› kann! Ich muss still sitzen und nur denken, und das fällt mir schwer!« Oder:»Das macht mir keinen Spaß!« Aber diesen Spaß kann man gewinnen, wenn man methodisch dort hingeführt wird.

3.4   Unterrichtsstörungen

Nun sind ja gerade, von der Praxisseite her gesprochen, Unterrichtsstörungen alltäglich. Wenn Sie sagen, die Methoden können helfen, Unterrichtsstörungen abzubauen, wie würden Sie, wenn Sie jetzt auf die Niederungen der Schulpraxis angesprochen werden, Hilfestellungen aus Ihrer Bildungstheorie anbieten können?

Das ist eine schwierige Frage. Zunächst einmal käme es darauf an, die Schwierigkeiten zu identifizieren. Der Lehrer müsste genau beobachten: In welchen Situationen, schon morgens, wenn sie kommen, oder gegen Ende der Schulstundenzeit am Vormittag, tauchen Störungen in geballter Form und bei bestimmten Kindern in besonderem Maße auf? Vor oder nach irgendwie gearteten Prüfungssituationen? Immer dann, wenn gefordert wird, in der Großgruppe mitzuarbeiten und weniger in der Kleingruppe? Oder gerade umgekehrt? Diese Fähigkeit, zu beobachten, müsste zunächst entwickelt werden: In welchen Situationen tauchen Verhaltensschwierigkeiten, Störaktivitäten und so fort auf? Erst wenn man davon eine Vorstellung gewonnen hat, kann man anfangen darüber nachzudenken: Wie könnte ich z. B. diesen Kindern, die es so schwer haben, ihre Aggressivität zu zügeln, wie könnte ich denen helfen? In welchen Situationen ist es möglich, dass sie erfahren, dass es interessant, spannend, angenehm sein kann, ohne aggressive Handlungen mit anderen in Beziehung zu treten?

Nun ist das ein Beispiel dafür, dass das System unserer Beratungen und Hilfen in dieser Hinsicht auch personell meistens völlig unterentwickelt ist. Die Häufigkeit und die starke Ausprägung von Schwierigkeiten – Lernschwierigkeiten, Verhaltensschwierigkeiten – würde es eigentlich erfordern, dass Lehrern nicht einfach gesagt wird:»Nun überlege dir mal, was man da tun kann«, sondern:»Ich biete dir eine Hilfe an. Wir haben einen Beratungsdienst, der in der Lage ist, häufiger in den Unterricht zu kommen und unter diesem Gesichtspunkt die Kinder, die dir auffallen, mit denen du besondere Schwierigkeiten hast, zunächst einmal zu beobachten. Wir hätten die Möglichkeit, in Kooperation mit der außerschulischen Jugendarbeit bestimmte Abenteuer- oder Aktivitätsangebote zu machen, wenn wir den Eindruck haben, diesen Kindern fehlen lustvolle aktive Anstrengungen, Abenteuer, sich anstrengen müssen, Angst zu überwinden, ›ins kalte Wasser zu springen‹.«

Das wäre zunächst eine Hilfe für sie, dass sie erfahren können, dass es lustvoll sein kann, solche Situationen zu bestehen,»so etwas« zu wagen usf., ihre»Wagnisse« nicht immer nur darin zu suchen, dass sie einen anderen anmotzen und ärgern, bis der in Rage gerät,»aus dem Felde geht« o. ä., um dann als erfolgreicher Aggressor»den dicken Mann« zu spielen.

Aber wir haben solche Systeme nicht oder in viel zu geringem Umfang, und gegenwärtig werden wir unter den vielerorts propagierten Spargesichtspunkten damit rechnen müssen, dass das, was zum Teil bereits existierte, auch noch eingeschränkt und reduziert wird, schlicht unter Kostengesichtspunkten.

3.5 Qualität von Schule, Schulkultur

Was ist für Sie Qualität von Schule, was verstehen Sie unter Schulkultur?

Zunächst bin ich mit Ihnen einverstanden, das lese ich aus Ihrer Frage heraus, dass die Begriffe Schulkultur und Schulqualität eng miteinander zusammenhängen; es sind meiner Meinung nach zwei Begriffe für die gleiche Sache: Die Qualität einer Schule zeigt sich darin, dass sie im Bereich des Unterrichts, des über den Unterricht hinausreichenden»Schullebens«, der Kooperation des Kollegiums, des Verhältnisses zur Elternschaft, der Beziehungen zum jeweiligen sozialen, kulturellen, politischen Umfeld eine»Schulkultur« entwickelt und sie angesichts sich ggf. verändernder Bedingungen und Aufgaben – ohne Hektik – weiterentwickelt.

Qualität der Schule umfasst ein Bündel von Kriterien und Maßnahmen. Sie zeigt sich u. a. darin, wie Lehrende und Kinder oder Jugendliche, Schülerinnen und Schüler im und außerhalb des Unterrichts miteinander umgehen; ob das ein Verhältnis des Verstehens, des Aufeinander-Zugehens, eines möglichst hohen Maßes an Vertrauen ist oder eher sich ausdrückt in einer Kampfposition, in wechselseitigen Vorbehalten, in offenen oder verborgenen Formen von Aggressivität, Misstrauen und so fort. Die Qualität einer Schule würde ich u.a. immer daran messen: Wie stellt sich dieses Verhältnis von Lehrenden und Lernenden dar?

Das führt sofort weiter zu einem zweiten Gesichtspunkt: Notwendigerweise wird man die Qualität einer Schule messen müssen an dem Stil, in dem Kolleginnen und Kollegen miteinander umgehen, ob sie ein Team sind oder eine lose Ansammlung von Einzelkämpfern. Wir wissen aus der Schulforschung, dass die Antwort auf diese Frage eine hohe Bedeutung für die Akzeptanz einer Schule bei den Eltern und bei den Schülern hat. Schüler wie Eltern merken sehr genau, ob eine Schule ein Mindestmaß an gemeinsamen Leitvorstellungen hat oder ob sie das nicht hat bzw. ob sie sich um diese Frage kaum kümmert.

Weiterhin meine ich, dass auch die Frage nach der Art und Weise, wie man den Begriff der Leistung bestimmt und versteht, Maßstab für die Qualität einer Schule, für ihre Schulkultur ist. Damit meine ich, welche Arten und welche Zielsetzungen des Lernens in einer Schule Vorrang gegenüber anderen haben. Eine Schule, die auf nichts anderes als auf messbare »Schulleistungen« Wert legt und z. B. die Formen der sozialen Beziehungen zwischen Erwachsenen und Kindern und zwischen den Schülern untereinander als Randfrage betrachtet; eine Schule, die Spannungen, Konflikte oder Meinungsunterschiede – sei es im Kollegium, sei es zwischen Lehrern und Schülern – nur als Störfaktoren betrachtet und nicht als interessante Anlässe, unterschiedliche Auffassungen miteinander auszudiskutieren, darum zu ringen, einen hinreichenden oder sogar einen guten produktiven Konsens zu finden, hat meiner Meinung nach einen Mangel an Schulkultur. Man muss den Tatbestand, den wir im Leben überall antreffen, dass es unterschiedliche Auffassungen und Spannungen gibt, nicht als einen Störfaktor betrachten, sondern als Ausgangspunkt für möglicherweise hoch bedeutsame Lernprozesse.

Und nun kann man weiterfragen nach der Art und Weise, wie über Beurteilungen und Zensierungen zwischen Schülern und Lehrern gesprochen wird, ob sie als Anlass betrachtet werden, miteinander darüber zu sprechen, beispielsweise:»Wie kommt es, dass dir das Lösen mathematischer Aufgaben oder die Konzentration auf eine länger andauernde Arbeit so schwer fällt? Was können wir gemeinsam tun, damit du diese Fähigkeit gewinnst? Du sagst ja selbst, dass du dich darüber ärgerst, aber du kannst eben noch nicht so lange durchhalten. Was können wir gemeinsam tun?« Also nicht nur zu sagen:»Nun reiß dich mal zusammen, nun streng dich mal an, andere können das ja auch!«, sondern zu fragen:»Wir trauen dir zu, dass du deine Fähigkeit, längere Zeit durchzuhalten beim Lernen, steigern kannst. Aber woran liegt es, dass es dir jetzt noch so große

Schwierigkeiten macht? Und was könnten wir uns gemeinsam überlegen und probieren, um dir die Entwicklung dieser Fähigkeit zu ermöglichen?« Auch das ist ein wichtiger Aspekt von »Schulkultur«, nämlich der »Leistungskultur« einer Schule. Vielleicht genügen diese Beispiele, um die Begriffe »Schulqualität« und »Schulkultur« zu erläutern.

Halt, eines will ich noch nachschieben: das Ernst-Nehmen der politischen Problematik. Genauer gesagt: Das Ernst-Nehmen der Aufgabe, den Demokratisierungsprozess in unserer Gesellschaft nicht nur in einer formalen Weise voranzubringen; die formale Absicherung haben wir, wir sind eine formal funktionierende Demokratie, aber das scheint mir ungenügend zu sein. Die Frage einer grundlegenden Demokratisierung der Gesellschaft, die Realisierung von mehr Gerechtigkeit, mehr Chancengleichheit und so fort, ob die in einer Schule gestellt, bedacht und praktisch in Angriff genommen wird oder ob sie gar nicht in den Gesichtskreis eines Kollegiums und damit auch nicht in den Gesichtskreis von Kindern und Jugendlichen kommt, ist für mich ein weiteres Kriterium der Beurteilung der Qualität oder der Kultur einer Schule.

Wie sieht es mit der Architektur aus? Sie haben jetzt über die Personal-, Leistungs- und Demokratiekultur gesprochen. Aber das Ganze muss ja in einen materiellen Rahmen gefasst werden. Wie müsste Schulkultur architektonisch aussehen, von den Räumen her, von den Bedingungen her?

Das ist, wie Sie wissen, kein neues, aber ein nach wie vor akutes Thema. Im Bereich der Schulen ist in dieser Hinsicht m. E., verglichen mit dem Bereich der Hochschulen, im Laufe der letzten Jahrzehnte etwas mehr Bewegung in Gang gekommen. Aber es ist noch viel zu tun. Denn dieser Gesichtspunkt der Schularchitektur ist auch bei vielen Schulneubauten der letzten drei Jahrzehnte zwar deutlich öfter als in früheren Jahrzehnten, aber längst nicht genügend zur Geltung gekommen, und zwar meistens aus finanziellen Gründen. Man muss auch zugeben, dass es sich um ein schwieriges, komplexes Problem handelt, weil z. T. sehr unterschiedliche Gesichtspunkte berücksichtigt werden müssen: von hygienischen Aspekten über belichtungs- und wärmetechnische sowie akustische Gesichtspunkte, feuerschutztechnische Probleme bis hin zur zentralen Frage einer pädagogisch sinnvollen Gestaltung und Zuordnung verschiedener Funktionsräume und -flächen sowie des gesamten Schulgeländes, und dies alles immer auch unter Einschluss von

i. e. S. d. W. ästhetischen Gesichtspunkten. Am Beispiel der Gestaltung der Unterrichtsräume und ihres Mobiliars verdeutlicht: Sie
müssten im Optimalfall hinreichende Bewegungsmöglichkeiten bieten und, mindestens beim Mobiliar, flexible Innengestaltung erlauben, überdies ohne übermäßigen Aufwand auf Seiten der Schülerinnen und Schüler, Lehrerinnen und Lehrer für unterschiedliche Arten
des Miteinander-Umgehens, des Unterrichts bzw. des Lernens ar-
rangierbar sein. Sie müssten also hinreichenden Bewegungsraum
bieten, u. a., um z. B. einen Kreis oder Kleingruppen zu bilden,
»Ecken« und /oder Zusatzräume haben, in die man z. B. eine Gruppe oder einzelne Schüler zeitweilig »entlassen« kann, etwa dann,
wenn z. B. ein Mädchen oder ein Junge in Phasen konzentrierter
Stillarbeit sagt: Ich brauche jetzt mal wirklich, wenn ich diesen Auf-
satz schreiben soll, eine für mich abgeschottete Ecke, in der mich
niemand stören kann und in der ich mich auch selbst nicht dadurch
störe, dass ich immer zu den Nachbarn hinübergucke.

Solche Räume müssen überdies den effektiven Einsatz von Medien,
die längerfristige Präsentation von Unterrichtsergebnissen und die
übersichtliche und leicht zugängliche Lagerung von Büchern, Filmen und weiteren Arbeitsmaterialien zulassen. Von Idealvorstellun-
gen dieser Art ist die architektonische Gestaltung vieler Schulen
auch heute noch weit entfernt, trotz etlicher Beispiele, die den skiz-
zierten Kriterien mehr oder minder weitgehend entsprechen.

Man muss auch betonen, dass es eine erhebliche Anzahl von Schulen gibt, in denen Kollegien und die Schülerschaft, oft mit Unterstützung von Eltern und Sympathisanten und örtlicher Instanzen, unter
keineswegs optimalen Ausgangsbedingungen von sich aus Schritte
in die angedeutete Richtung getan haben, z. B. dadurch, dass sie ihre Schule farblich selbst gestaltet, Teile ihres Mobiliars durch zweck-
mäßigeres ersetzt oder umgearbeitet, das Schulgelände ökologisch
und ästhetisch umgewandelt haben usf.

Erlauben Sie mir noch folgende Ergänzung: Leider hat ja auch die
notwendige und erfreuliche Expansion unseres Schulwesens in den
letzten 30 Jahren, nicht zuletzt zu Anfang dieser Phase, unter schul-
architektonischen Gesichtspunkten manche Schrecklichkeiten her-
vorgebracht. Das gilt leider auch für Gesamtschulen, deren ent-
schiedener Befürworter, gerade in der Form von Integrierten Gesamtschulen, ich, wie Sie wissen, nach wie vor bin. Indessen: Vor allem in den 70er und 80er Jahren hat die bildungsökonomische Zielsetzung, große Lehrer- und Schülerzahlen schulisch »unterzubrin-

gen«, zu etlichen architektonischen Fehlentscheidungen geführt, die sich durch nachträgliche Umbauten oder Eigeninitiative der Schulen allenfalls etwas mildern, aber nicht beheben lassen.

3.6 Schulformen

Sie haben die Gesamtschulen schon angesprochen. Wie bewerten Sie die Veränderungen in der Schullandschaft insgesamt, was die verschiedenen Schulformen anbelangt?

Wir haben in dieser Hinsicht in den letzten 20 Jahren sehr interessante Entwicklungen erlebt, die von einer erheblichen Anzahl reformerisch orientierter Lehrerinnen und Lehrer, von Schulpolitikern, Gewerkschaftlern, Eltern- und Bürgerinitiativen in Gang gebracht oder gefördert wurden, mit dem Ziel, uns Schritt für Schritt anzunähern an eine Schulstruktur, die sich am Prinzip eines Höchstmaßes an Chancengleichheit oder Chancengerechtigkeit, eines Abbaus von Abschottungen, d. h. von Selektionsmechanismen orientiert. Diese anspruchsvolle Zielvorstellung, von der ein Teil der Reformer glaubte, man würde sie in einem Zeitraum von 10 bis 15 Jahren verwirklichen können, hat sich nicht realisieren lassen. Ich spreche das von Ihnen schon genannte Stichwort »Gesamtschule« an und denke dabei vor allem an die »Integrierte Gesamtschule«. Für die Verwirklichung dieser Schulreformbewegung wird man einen sehr viel längeren Zeitraum – 50, 80 oder 100 Jahre – ansetzen müssen. Man kann hier ein historisches Parallel-Beispiel anführen: Um die Grundschule als die erste generelle, organisatorisch nicht-selektive, integrierte Schulstufe, die wir in unserem deutschen Schulsystem haben, ist bis zu ihrer Einführung im Jahre 1920 mehr als 70 Jahre lang gerungen worden. – Ich hatte, als ich vor 30 bis 35 Jahren mich entschieden für die »Integrierte Gesamtschule« einsetzte – und ich tue das nach wie vor – geglaubt, wir würden ihre Einführung auf breiter Basis schneller schaffen. Diese Hoffnung habe ich begraben, d. h. aber nicht, dass ich die Zielvorstellung aufgegeben hätte; in kleinen Schritten kommen wir ja auch voran.

Nun halte ich die Vielfalt, die es oberhalb einer vier- oder sechsjährigen Grundschule innerhalb eines Gesamtschulsystems geben könnte, je nach lokalen Bedingungen, im Prinzip für wünschenswert, und ich habe in diesem Sinne an entsprechenden pädagogischschulpolitischen Empfehlungen in mehreren Bundesländern mitgearbeitet. In diese Richtung laufen ja jene Bemühungen, die heute allen einzelnen Schulen mehr Möglichkeiten eröffnen bzw. eröffnen wollen, eigene Schwerpunkte, eigene Profile zu bilden. Die programmatische Formel dafür lautet »Vergrößerung des Entscheidungs- und Handlungsspielraums der Einzelschule«, oft abgekürzt als »Schulautonomie« bezeichnet. Wie gesagt: Ich befürworte diese Bestrebungen nachdrücklich. Ich möchte aber auf eine Gefahr hinweisen: Ich befürchte, dass sich unter diesem Motto der »Vergrößerung des Entscheidungs- und Gestaltungsspielraums der Einzelschulen« einschließlich der Herausbildung spezifischer »Schulprofile« *auch* Bestrebungen entwickeln könnten, die darauf hinauslaufen, dass man neue Selektionsinstrumente schafft, dass Schulen sich also dadurch differenzieren, »profilieren«, dass sie sich faktisch, wenngleich nicht offen programmatisch voneinander abgrenzen, unerwünschte Schülergruppen de facto ausgrenzen, statt sich auf die jeweiligen lokalen Bedingungen realistisch, geschickt und einfallsreich einzustellen, ohne schon an der Eingangsschwelle zur eigenen Schule auszulesen. Man wird also die Ermöglichung von Schulvielfalt unter dem Gesichtspunkt betrachten müssen: Führt sie zu neuen, vielleicht ungewollten, vielleicht verheimlichten, vielleicht auch offen zugegebenen Selektionsprozessen und Abschottungen oder bewährt sie sich als pädagogisch-konstruktive Antwort auf die jeweiligen lokalen Bedingungen, indem frühe Ausgrenzungen gerade gezielt vermieden werden.

Welchen Anforderungen müssen Ihrer Meinung nach die Schulen angesichts des Jahres 2000plus genügen? Gäbe es da grundsätzlich neue Erfordernisse?

Nach meiner jetzigen Einschätzung meine ich, dass – jedenfalls auf der programmatischen Ebene – die grundsätzlichen Anforderungen an eine demokratische, zukunftsorientierte, kinder- und jugendfreundliche Schule heute schon formuliert worden sind; sie sind aber großenteils noch nicht verwirklicht. Wir haben eine Reihe von begründeten Vorstellungen, was Schule des Jahres 2000plus leisten und sich zur Aufgabe setzen müsste. Unangemessen wäre es – und solche Tendenzen gibt es gegenwärtig – Schule wieder reduzieren zu wollen auf einen eng verstandenen Lern- und Leistungsbegriff, ihr also eine bestimmte Anzahl von zielorientierten Fächern vorzugeben und zu sagen: Schüler müssen in dem und dem Maße Fremdsprachen beherrschen, bis zu dem und dem Grade mathematische Probleme lösen können, das und das Niveau des eigensprachlichen Sprachniveaus erreichen und so fort. Das sind in einem bestimmten Rahmen sinnvolle Zielvorstellungen. Aber wir haben Tendenzen, die sagen: Alles, was darüber hinausgeht – politische Bildung, ästhetische Erziehung usw. – ist zweitrangig oder ist eigentlich nicht Aufgabe der Schule, sondern soll von außerschulischen Institutionen wahrgenommen werden. Das würde dazu führen, dass diejenigen sozialen und kulturellen Gruppen, die heute einerseits ökonomisch hinreichend gut gestellt sind und andererseits auf familiäre, soziale und kulturelle Traditionen zurückgreifen können, ihren Kindern im außerschulischen Bereich gute Chancen eröffnen könnten, um sich z.b. ästhetische Fähigkeiten anzueignen, um im Bereich von Dichtung und Musik Interessen zu entwickeln, um im Bereich von interkulturellem Austausch die Begegnung mit Kindern oder Menschen anderer Kulturen, anderer Völker, zu erleben, um Reisen zu machen und so weiter und so fort. Das können aber all diejenigen Gruppen nicht, und zum Teil wachsen sie ja leider an, denen entsprechende Möglichkeiten finanziell nicht zu Gebote stehen und die bisher keine eigenen Traditionen der angedeuteten Art in ihren Familien und ihrem sozialen Beziehungsfeld entwickeln konnten. Die Ungleichheit zwischen diesen sozialen Gruppen würde immer größer. Kurzum noch einmal: Eine Schule des Jahres 2000plus muss eine mehrdimensionale Schule sein. In ihr muss soziales Lernen, ästhetische Bildung, politische Bildung nicht nur am Rande und »wenn mal Zeit ist« angeregt werden, sondern als eine ständige Aufgabe präsent sein. In ihr muss es immer wieder Anregungen im ästhetischen Bereich geben. Es muss eine Schule sein, in der auch das praktische Lernen, eine technische Grundbildung, das Umgehen mit Materialien und Werktechniken angeeignet, der lebendige Austausch mit ausländischen Gästen in der eigenen Schule für längere Zeit ermöglicht wird.

Das ist meiner Meinung nach eine mehrdimensionale Auffassung dessen, was Schule leisten muss. Das bedeutet freilich auch, dass die Lehrenden ein entsprechendes Aufgaben-Verständnis entwickeln müssen. Der nur auf ein oder zwei Fächer spezialisierte Lehrer kann einer solchen Aufgabe nicht gerecht werden; er wird dazu tendieren, seine Perspektive auf »seine« Fächer zu konzentrieren, während es heute gerade darauf ankäme, dass man – beispielsweise im Fremdsprachenunterricht oder im naturwissenschaftlichen Unterricht – zugleich mit fachspezifischer Erkenntnis- und Fähigkeitsbildung soziale Lernprozesse inszeniert, besser noch: mit den Schülerinnen und Schülern zusammen entwickelt. – Dieses Bewusstsein von der Mehrdimensionalität des pädagogischen Auftrags einer zeitgemäßen und zukunftsorientierten Schule zu entwickeln, müsste eine zentrale Aufgabe der Lehrerbildung sein, und wir müssten in der Öffentlichkeit, insbesondere auch bei sehr leistungs- und zukunftsorientierten Eltern dieses Verständnis zu vermitteln versuchen, so nämlich, dass sie ihren Kindern und den Lehrerinnen und Lehrern nicht immer wieder vorhalten: Na ja, das mag ja alles schön und gut sein, ästhetische Bildung und politische Bildung und soziales Lernen und solche Geschichten, wenn dazu mal Zeit ist. Aber im Wesentlichen kommt es doch darauf an, dass die Kinder ein bestimmtes mathematisches, naturwissenschaftliches, sprachliches … Niveau erreichen; darauf sollte sich die Schule konzentrieren.»Das andere« kann sie machen, wenn noch Zeit bleibt. – Nein, so kann man die Schule 2000plus m. E. nicht konzipieren, und ich bin erstaunt darüber, dass es selbst unter Erziehungswissenschaftlern einige Kollegen und Kolleginnen gibt, die eine solche Engführung der Schule befürworten; so als könnten sich Lehrer z. B. davon abschotten, dass sie in ihren Klassen, in ihren Schulen, Kinder oder Jugendliche mit schweren Verhaltensproblemen haben, mit Sozialproblemen, mit mangelnder Konzentrationsfähigkeit usf. Und als wäre es eine Hilfe zu sagen: Die Eltern sollen dafür sorgen, dass ihre Kinder einigermaßen schulfähig in die Schule kommen. Wie sollten jene Eltern, die – aus welchen Gründen immer – das nicht geschafft haben, wie sollen die jene Forderung erfüllen? Oder sollen wir ihnen sagen: Wir werden eure Kinder am Anfang ihres Schulweges unter dem Gesichtspunkt prüfen: Sind sie unseren Anforderungen gewachsen? Wenn nicht, dann dürfen sie ein Jahr später wiederkommen und eine neue Aufnahmeprüfung machen. Es gibt solche Vorstellungen vermutlich, sei es auch unausgesprochen, bei einigen Mitgliedern unserer Gesellschaft. Nein, wir müssen die Kinder so nehmen, wie sie nun einmal sind, und wir müssen Formen entwickeln, in denen sie Lernfähigkeit und Schulfähigkeit in der Schule selbst heranbilden, lernen i. w. S. d. W. können.

3.7 Wolfgang Klafki als »hypothetischer Bildungs- minister«

Welche Maßnahmen würde ein Bildungsminister Wolfgang Klafki zunächst angehen? Vielleicht bleiben wir bei den Bereichen Schule und Lehrerausbildung.

Eine schwierige Frage, bei deren Beantwortung man sich davor hüten muss, pure Utopien vorzubringen.

Ich will eine erste, grundsätzliche Bemerkung vorausschicken. Ich würde mich, so schwer das im politischen Raum sein mag, darum bemühen, als Schulpolitiker glaubwürdig zu sein. Was meine ich damit? Ich will es an einem Beispiel verdeutlichen. Wenn mir unter Sparzwängen, die hinreichend begründbar wären, von meiner Landesregierung aufgetragen würde, irgendwelche Sparmaßnahmen in den Schulen durchzuführen, sei es, dass die Schülermesszahlen pro Klasse erhöht werden müssen, sei es, dass die Stundenzahlen für die Lehrenden erhöht werden müssen, sei es, dass es Mittelkürzungen gibt, sei es, dass Schulbaupläne, die schon vorliegen, wegen Geldmangel nicht verwirklicht werden können – dann würde ich mit Entschiedenheit fordern, diesen Tatbestand, *dass* hier Verschlechterungen eintreten, offen aussprechen zu können. Wenn mich ein Kabinett um des angeblichen politischen Ansehens der Regierung, der ich angehören würde, zwingen wollte, solche Verschlechterungen als harmlos oder sogar als Reformen zu verkaufen, dann wäre ich hoffentlich so stabil zu sagen: Dann müsst ihr das ohne mich machen, dann müsst ihr euch einen anderen suchen; ich bin bereit, wenn mir das einleuchtet, solche Erschwernisse, Verzögerungen von guten Planungen und so fort gegenüber der Lehrerschaft und Erzieherschaft, auch gegenüber den Hochschulen und der Elternschaft zu vertreten, aber mit der ausdrücklichen Betonung: Das *sind* Verschlechterungen, da beißt keine Maus einen Faden davon ab; die Regierung legt sich darauf fest, dass mit Verbesserung der ökonomischen Situation unseres Landes diese Verschlechterungen wieder schrittweise und möglichst schnell zurückgenommen werden; und zwar so, dass wir auf dieses Versprechen ansprechbar sind, dass es im Kabinett nicht heißt: Na ja, das wird schon in Vergessenheit geraten, und dann bleiben wir bei den erhöhten Stundenzahlen oder den erhöhten Kindermesszahlen pro Klasse und so fort. Ich bin zum Teil darüber enttäuscht, auch in der Bildungspolitik ein gewisses Maß an Unehrlichkeit feststellen zu müssen.

Zweite Bemerkung. Ich würde nach wie vor die Idee der Entwicklung des Schulwesens in Richtung auf mehr Chancengleichheit und d. h. letzten Endes: orientiert auf die Zielsetzung der Integrierten Gesamtschule weiter im Bewusstsein halten wollen. Allerdings würde ich gleichzeitig sagen: Bei der Verwirklichung müssen wir realistisch vorgehen. Wir dürfen nicht formell Schritte tun, die wir inhaltlich nicht ausfüllen können. Eine schlecht ausgestattete Integrierte Gesamtschule, eine Integrierte Gesamtschule, bei der ich nicht garantieren kann, dass sie mit gut vorbereiteten Kollegien startet, ist für die Gesamtentwicklung schlimmer, als wenn man sagt: Eure Eltern-Lehrer-Initiative ist gut und ist förderungswürdig, und wenn wir jetzt die Möglichkeit hätten, das Projekt finanziell und personell zu realisieren, dann sollten wir es eher heute als morgen tun; aber, da wir diese Möglichkeit nicht haben, wollen wir euch nicht in die Situation bringen, dass ihr und wir in zwei oder in fünf Jahren sagen müssen: Diese Schule ist gescheitert, sie hat sich schrittweise immer mehr den differenzierenden Schulformen angepasst und ist sozusagen nur noch dem Namen nach das, was sie eigentlich sein wollte. Insofern bedarf es der Geduld und des Realismus, aber auch unbeirrbarer Konsequenz: Ich habe diese gut begründete Zielvorstellung, an der ich festhalte und die ich schrittweise realisieren werde.

Drittens: Eben habe ich das Problem der Lehrerbildung bereits angesprochen. Dazu hier nur soviel: Pläne, wie es sie mittlerweile in mehreren Bundesländern gibt, nämlich in das universitäre Studium von angehenden Lehrerinnen und Lehrern ein halbjähriges Praxissemester einzuführen, sind m.E. nur sinnvoll, wenn man die Kapazitäten in Schulen und Hochschulen verstärkt; wenn man also die Lehrerstunden an den Praktikumsschulen senkt, damit die Kolleginnen und Kollegen hinreichend Zeit haben, die Studenten zu betreuen, und wenn die Hochschulen personell in die Lage versetzt werden, eine solche Praxisphase gründlich vorzubereiten, durch häufigere Schul- bzw. Unterrichtsbesuche zu begleiten und zu beraten und die Praktika später mit den Studierenden gründlich auszuwerten. Übrigens sollten auch zeitlich anders strukturierte Lösungen für die wünschenswerte Verstärkung des Praxisbezuges der Lehrerbildung in ihrer ersten, universitären Phase gründlich diskutiert und erprobt werden, statt ein einziges Modell im Schnellverfahren und (einmal mehr) ohne hinreichende Vorbereitungszeit der Hochschulen und der Schulen festzuschreiben.

Sofern allerdings die Einführung einer solchen Reform mit der Absicht verbunden wird, damit die zweite Ausbildungsphase in den

Studienseminaren um ein halbes Jahr zu verkürzen, weil die Studierenden ja vorher während des Studiums bereits ein halbes Jahr in den Schulen gewesen und da ggf. schon teilweise als eine Art »Ersatzlehrer« eingesetzt worden seien, würde ich mich solchen Plänen mit Nachdruck widersetzen und betonen: Das ist eine Scheinlösung, in Wirklichkeit steht dann offenbar doch der Ersparnisgesichtspunkt im Hintergrund. Denn Studenten brauchen nicht bezahlt zu werden, die Referendare indessen werden zwar nicht großartig bezahlt, aber immerhin sind sie ein Kostenfaktor, und wenn man ein halbes Jahr von insgesamt bisher zwei Jahren einsparen würde, würde das eine Kostenreduktion um 25 % erbringen. Wenn man in Wirklichkeit vor allem Einsparungen erreichen wollte, das Ganze aber als eine Verbesserung der Lehrerausbildung ausgibt, dann wäre das für mich wieder ein Akt von Unwahrhaftigkeit, dem ich nicht zustimmen könnte. Meine Entscheidung würde lauten: Dann muss ich nun doch den Hut nehmen!

Wie schätzen Sie die Stufenlehrerausbildung und die Verlängerung der Grundschulzeit bis zur 6. Klasse ein?

Ich möchte mit der letzten Frage anfangen, und zwar sehr konkret. Ich gehöre zu den Mitbefürwortern und Förderern der bislang einzigen in Hessen existierenden 6-jährigen Grundschule; die steht in Marburg, und ich habe nach wie vor Kontakt zur Schule. Das zeigt schon, dass ich die 6-jährige Grundschule als eine wichtige Zielvorstellung betrachte. Insofern finde ich die brandenburgischen Lösungen erfreulich. Allerdings wird man jetzt wieder sagen müssen: Es wird darauf ankommen, dass diese um zwei Jahre verlängerte Grundschulzeit nicht unter der Hand wieder deformiert wird, indem 6-jährige Grundschulen in den Klassen 5 und 6 nichts anderes tun als traditionelle 5./6. Schuljahre im herkömmlichen, gegliederten System. Das könnte passieren, wenn man in den 6-jährigen Grundschulen, was in der Marburger Schule nicht geschieht, bereits wieder A- und B-Kurse im 5. und 6. Schuljahr in den Fächern Mathematik, Deutsch, 1. Fremdsprache einführt, also jene Formen, die m. E. leider auch in vielen Förderstufen bzw. Orientierungsstufen, die eine gute Zwischenstation innerhalb einer langfristig angelegten Schulentwicklungsstrategie sein könnten, allzu früh eingerichtet worden sind. Solche Niveaukurse haben oft ein so hohes Gewicht erhalten, dass das, was Förder- und Orientierungsstufe als koordiniertes 5./6. Schuljahr eigentlich leisten sollte, nur noch sehr begrenzt verwirklicht wird. – Kurzum: 6-jährige Grundschule? Ja! Sie setzt aber voraus, dass die Lehrerbildung angehenden Lehrern ein entsprechendes Verständnis für diese Stufe und die erforderlichen Fähigkeiten vermittelt und dass es frühzeitige Absprachen mit den dann anschließenden Schulen gibt. Das alles erspart man sich dort, wo Integrierte Gesamtschulen von 5 bis 10, aber mit einer vorgeschalteten Grundschule (bzw. von 7 bis 10 bei vorangehender 6-jähriger Grundschule), die zu dem gleichen Schulkomplex gehört, bestehen, wie es beispielsweise in der Laborschule in Bielefeld der Fall ist. Sie umfasst eine 4-jährige Grundschule, aber der Übergang in die anschließende Sekundarstufe I ist von vornherein so flexibel gestaltet, dass kein Bruch zwischen der Grundschule und der anschließenden Schulform entsteht. – Soviel also zur Frage: 4-jährige oder 6-jährige Grundschule und Verhältnis zur Integrierten Gesamtschule.

Die Stufenlehrerausbildung haben wir ja formell an vielen Stellen. Vielleicht können Sie die Frage noch etwas spezifizieren, über den Tatbestand hinaus, dass ja in fast allen Bundesländern eine solche Stufenlehrerausbildung existiert, nein, nicht in fast allen Bundesländern ...

... in Rheinland-Pfalz eben nicht, da gibt es noch den Grund- und Hauptschullehrer.

Meistens wird der Begriff des Stufenlehrers bzw. der Stufenlehrerausbildung so verstanden, dass es eine schwerpunktmäßige Ausbildung etwa für die Grundschule gibt – bei 6-jährigen Grundschulen müsste das dann eine etwas veränderte Grundschullehrerausbildung sein – und eine Ausbildung für die Klassen 5 bis 10, aber jeweils mit der Empfehlung, in einem hinreichenden Maße die nach unten oder oben anschließende Stufe mit in den Blick zu nehmen.

Nun wird man auf der anderen Seite sagen müssen: Unsere Ansprüche an eine gute Grundschule sind im Laufe der letzten 3 Jahrzehnte mit guten Gründen gewachsen, und wenn man gute Grundschulen und ihre Lehrerinnen und Lehrer betrachtet, dann staunt man zum Teil, was für Qualifikationen die sich angeeignet haben oder in welchem Maße die Kollegien auf dem Wege sind sich diese Qualifikationen anzueignen. Darüber hinaus gleichzeitig in der Lage zu sein auch bis zur Klasse 10 einen qualifizierten Unterricht zu geben, ist nicht so leicht, und insofern meine ich, dass im Studium eine erste Schwerpunktbildung notwendig ist. Ich bin in meinem ersten Studium an einer Pädagogischen Hochschule noch gleichgewichtig zum Grund- und Hauptschullehrer, damals hieß das: zum Volksschullehrer, ausgebildet worden und habe anschließend in beiden Stufen und allen Fächern (außer Religion) unterrichtet. Nun: Angesichts der Ansprüche, die ich ein bißchen mitbeeinflusst habe im Hinblick auf die Grundschule und im Hinblick auf die Sekundarstufe I, weiß ich heute, was es bedeuten würde, wenn man beides von vornherein als junger Lehrer nach dem Studium bewältigen sollte, also während des Studiums überhaupt nicht wissen würde: Werde ich denn nun, wenn ich mein Studium beendet habe, in der Grundschule tätig werden oder in der Sekundarstufe I? So ausgebildet zu werden, dass man sagen kann: Ich bin für beides hinreichend vorbereitet, dürfte eine sehr schwere Aufgabe sein. Ich halte folglich eine Öffnung oder eine Überlappung beider Ausbildungsgänge für notwendig, jedoch mit einer primären Schwerpunktbildung. Diese Regelung sollte mit der Möglichkeit verbunden sein, sich dann die jeweils andere Qualifikation im Laufe einer längeren Berufstätigkeit durch intensive Fortbildung anzueignen.

Damit ist ein Stichwort gefallen, das ich gern noch unterstreichen möchte, ohne es länger auszuführen: Ich bin der Überzeugung, dass Lehrerfortbildung in einem ganz anderen Maße, als das bis heute verwirklicht worden ist, ausgebaut werden muss, weil die Veränderungsprozesse im Schulwesen in zunehmendem Maße so erheblich sind, dass es für die Mehrzahl der Lehrerinnen und Lehrer nicht möglich sein dürfte, die sich wandelnden Aufgaben jeweils allein oder mit Hilfe sporadischer Teilnahme an einigen Fortbildungsveranstaltungen angemessen bewältigen zu können. Wir brauchen in erheblich größerem Maße als bisher Lehrerfortbildung um den Anforderungen einer Schule 2000plus gewachsen zu sein. Das ist eine Aufgabe, die die Schulen kooperativ als ein Team in Angriff nehmen müssten. D. h.: Die an sich schöne Möglichkeit, dass Lehrer sich nach ihrem individuellen Interesse Lehrerfortbildungskurse auswählen und in einem bestimmten Maße die Möglichkeit bekommen daran teilzunehmen, sie wird in irgendeinem Maße begrenzt werden müssen. Ein Kollegium wird sagen müssen: Wir stehen vor einigen weitgehend neuen Aufgaben, für die wir nicht hinreichend vorbereitet sind, beispielsweise die stärkere Berücksichtigung der neuen Medien im Unterricht. Bei uns im Kollegium sind nicht genügend Kollegen, die das bewältigen können. Folglich ist es eine gemeinsame Aufgabe unserer Schule, im Laufe der nächsten zwei, drei Jahre aus unserem Kollegium zu den zwei Spezialisten, die wir in jenem Bereich haben, mindestens drei weitere so weit zu bringen, dass sie diese Aufgabe federführend übernehmen und unser Kollegium dann insgesamt durch interne Lehrerfortbildung weiterqualifizieren können.

Ein zweites Beispiel: Wir haben in unserer Gemeinde einen hohen Anteil von arbeitslosen Eltern. Daraus folgen sehr erschwerende Auswirkungen auf die Familiensituation und damit auf die Kinder. Wir benötigen ein hohes Maß an Betreuungskapazität für solche Kindergruppen; nur einer oder keiner von uns fühlt sich in der Lage dem qualifiziert gerecht zu werden. Wir müssen also in den nächsten zwei Jahren einige Kollegen, die daran interessiert sind, so intensiv in Fortbildungsveranstaltungen schicken können, dass sie nach zwei Jahren dieser Aufgabe gewachsen sind. Es darf dann nicht heißen: Unser Fortbildungstopf ist sehr begrenzt, da liegen schon die individuellen Wünsche der Kollegen X, Y, Z nach Teilnahme an anderen Lehrgängen vor, folglich ist für die Fortbildung mehrerer Lehrkräfte für jene besonderen Betreuungsaufgaben kein Geld da. – Also: Kooperative Planung der »Lehrerfortbildung« als Aufgabe der Kollegien, einer Fortbildung, die insgesamt in einem erheblich höheren Maße als früher notwendig ist, muss als unverzichtbar anerkannt werden. Das bedeutet aber auch: Ohne die deutliche Verbesserung der finanziellen Ausstattung des Bildungsbereiches ist auch diese Aufgabe der Schule für heute und morgen nicht zu bewältigen!

3.8 Lernwerkstätten

In diesem Zusammenhang sind auch die Lernwerkstätten zu sehen, in denen zunehmend mehr Kollegien sich zusammenraufen und die Probleme, die vor Ort anstehen, zu lösen versuchen. Wie schätzen Sie diese Entwicklung der Lernwerkstätten ein? Und was halten Sie von der Museums-Lernwerkstatt in Selters?

Erstens: Die Entwicklung der Lernwerkstättenbewegung ist m. E. ein Fortschritt innerhalb unseres Bildungswesens. Eine Lernwerkstätte ist eine hervorragende Einrichtung, weil sie erstens bezogen ist auf spezielle Interessen, Möglichkeiten oder Notwendigkeiten bestimmter Schulen; denn die Lernwerkstätten können sich ja unterschiedliche Schwerpunkte setzen, die z. B. im sprachlichen, werklichen, ästhetischen Bereich liegen oder z. B. im Bereich einer Verbesserung der »Methodenkultur« an einer Schule, indem es heißt: Wir wollen das Ausmaß von individuellem Lernen verstärken, dazu brauchen wir aber die Fähigkeit, Lernmaterialien zu entwickeln, und deswegen werden wir darauf in unserer Lernwerkstatt einen Schwerpunkt legen.

Zweitens: Eine ganze Reihe dieser Lernwerkstätten sind von vornherein in Kooperationsformen zwischen bestimmten Schulen und Hochschulen angesiedelt worden, beispielsweise an der Gesamthochschule in Kassel, wie ich von meiner Kollegin Ariane Garlichs weiß, die eine solche Einrichtung seit vielen Jahren betreut. Insofern handelt es sich in diesem Falle zugleich um eine von Hochschule und Schule betriebene Form der Lehrerfortbildung, wie man sie sich besser kaum denken kann; denn das, was dort geschieht, ist zugleich immer unmittelbar unterrichtsrelevant.

Zu den Lernwerkstätten gehört auch der Aufbau von Schulmuseen; dafür ist Ihr Schulmuseum hier in Selters/Westerwald ein schönes Beispiel. Diese Museums-Lernwerkstatt ist meiner Meinung nach eine Form der Verwirklichung des Projektgedankens. Das heißt: Schule stellt in Zusammenarbeit von Lehrern, Eltern, Gemeindemitgliedern, Kindern, Jugendlichen ein»Werk«, ein Museum auf die Beine, das Bezug hat zur Geschichte des Ortes und seiner Umgebung und das sich somit als eine Einrichtung präsentiert, die in das Kulturleben der Gemeinde hineinwirkt. Ein solches Museum kann u. U. sogar eine neue Tradition stiften, denn so eine Einrichtung kann und sollte ja fortentwickelt werden. Wer weiß, was in Selters in 20 Jahren aus dem Schulmuseum geworden ist, wenn sich Kolleginnen und Kollegen finden, die vielleicht einen zusätzlichen, einen ergänzenden Schwerpunkt einbauen? Also: Diese Museums-Werkstatt ist meiner Meinung nach eine geglückte Form der Entwicklung von Schulinitiativen, die die Schule mit der Gemeinde, der Geschichte der Gemeinde, dem Kulturleben eines ganzen Ortes in eine vertiefte Beziehung bringt.

3.9 Künftige Vorhaben

Eine letzte Frage, Herr Klafki. Woran arbeiten Sie zur Zeit und was sind Ihre nächsten Projekte?

Zur Zeit arbeite ich mit einer Kasseler Kollegin, Frau Brockmann, daran, einen Teilaspekt der heute viel diskutierten Frage aufzuschlüsseln: Wie verhielt sich die Erziehungswissenschaft in der Zeit des Übergangs in den letzten Jahren der Weimarer Republik und dann nach der »Machtergreifung« zum Nationalsozialismus? Wir beide stammen aus der Schule der so genannten geisteswissenschaftlichen Pädagogik, und zwar in jener Form, die in Göttingen von Herman Nohl seit Beginn der Weimarer Periode entwickelt worden und später von Erich Weniger, unserem direkten Lehrer, bei dem Frau Brockmann und ich auch promoviert haben, fortgeführt worden ist. Das Thema Erziehungswissenschaft und Nationalsozialismus wird seit ungefähr 8 bis 10 Jahren in einer erfreulich intensiven Weise behandelt. Es ist im größeren Zusammenhang zu sehen mit der an sich verspäteten, aber doch nicht zu späten Besinnung auf die generelle, heikle Frage: Welche Stellung haben die verschiedenen pädagogischen Richtungen am Ende der Weimarer Republik zum Nationalsozialismus bezogen, und wie reagierten sie nach der »Machtübernahme«?

Wir haben auf der Basis eines sehr reichen Briefmaterials, das seit einigen Jahren in der Niedersächsischen Universitäts- und Staatsbibliothek in Göttingen zugänglich geworden ist, nämlich der Korrespondenz zwischen Herman Nohl und vielen seiner akademischen »Schülerinnen« und »Schüler« in den Jahren 1932/33, genaue Analysen vorgenommen, um einen solchen Prozess sehr konkret nachzuzeichnen und kritisch zu interpretieren. Es kommen dabei Fakten zur Sprache – Fehleinschätzungen, frappierende Verharmlosungen, fragwürdige Anpassungen oder Schein-Anpassungen – seitens dieses bedeutenden Hochschullehrers und eines Teils seiner Schüler, aber auch eindeutiger Widerspruch einiger, die bisher nirgends bekannt waren. Jene Korrespondenzen zeigen folgenreiche Schwächen des politischen Bewusstseins auch dieses Hochschullehrers und seiner Pädagogik, und sie geben einen Hinweis darauf, dass der Zusammenhang von Pädagogik und Politik von uns, wenn wir aus der Geschichte lernen wollen, postulatorisch formuliert, nie wieder so vernachlässigt werden darf, wie das in jener Zeit offensichtlich geschehen ist; nicht bei allen Hochschullehrern und nicht bei allen Pädagogen, aber doch bei der Mehrheit. Eines der wenigen Gegenbeispiele ist Adolf Reichwein gewesen, der die Gefährlichkeit, die Inhumanität der nationalsozialistischen Ideologie als einer von wenigen – von Anfang an und dann zunehmend schärfer – durchschaut und aus dieser Einsicht heraus später den Weg in den Widerstand gefunden hat. – Das ist also eines meiner Arbeitsvorhaben.

Darüber hinaus möchte ich einen Plan weiter voranbringen, zu dem ich viele Einzelelemente schon bearbeitet habe, nämlich eine Gesamtdarstellung der geisteswissenschaftlichen Pädagogik in ihren verschiedenen Akzentuierungen, wie sie durch Nohl, Theodor Litt, Eduard Spranger, Wilhelm Flitner, Erich Weniger, um nur die bedeutendsten Namen der ersten Generation zu nennen, repräsentiert

sind –, eine Gesamtdarstellung der geisteswissenschaftlichen Pädagogik, ihrer Leistungen, aber auch ihrer Grenzen. Eine dieser Grenzen, die fast alle Vertreter der geisteswissenschaftlichen Pädagogik
kennzeichnet, liegt darin, dass sie das Verhältnis von Pädagogik und
Politik zwar oft angesprochen, jedoch nicht gründlich genug reflek-
tiert haben. Aber das ist nur ein Aspekt einer solchen Gesamtdarstellung. In den letzten Jahren beobachten wir wieder eine erstaun-
lich intensive, teils kritische, teils positiv anknüpfende Entwicklung
innerhalb der Erziehungswissenschaft an diese geisteswissenschaft-
liche Pädagogik.

Drittens, um noch eines zu nennen: Ich möchte gerne, das ist aber
ein schweres Unternehmen, einen Grundriss einer »Allgemeinen Erziehungswissenschaft« entwickeln. Ich arbeite ja seit langem an einem Konzept, das ich kritisch-konstruktive Erziehungswissenschaft
nenne und das ich für Einzelbereiche – die Schultheorie, die Didaktik, wissenschaftstheoretische Aspekte – auch bereits in einem nen-
nenswerten Maße konkretisiert habe; aber ein systematischer Entwurf einer »Allgemeinen Pädagogik« aus dieser Sicht heraus existiert noch nicht, dafür liegen bisher nur Elemente bei mir vor.

Gern würde ich auch einen der großen klassischen Vorläufer der
geisteswissenschaftlichen oder der modernen Pädagogik überhaupt,
nämlich Friedrich Schleiermacher, den großen Philosophen, Theolo-
gen und Pädagogen an der Wende vom 18. zum 19. Jahrhundert
(1768-1834), bearbeiten. Es fehlt bis heute meiner Meinung nach eine gute, auf dem heutigen Stand sich bewegende Gesamtdarstellung
der Pädagogik dieses Denkers.

Aber das sind jeweils Pläne, von denen jeder Einzelne eigentlich ein
Jahr oder mehrere in Anspruch nehmen könnte. Überdies werde ich
weiterhin einige meiner Schwerpunktbereiche, Schultheorie, Schulreform und Didaktik, weiter pflegen, schon deswegen, weil ich immer wieder auf grundsätzliche Probleme dieser pädagogischen Ar-
beitsfelder, aber auch auf Teilbereiche angesprochen werde. Außerdem muss ich wohl damit rechnen, dass mich auch die Bildungspolitik bzw. die Bildungspolitikberatung noch öfters in die Pflicht nehmen wird, ob mir das nun behagt oder nicht.

*Wir wünschen Ihnen alles Gute zu diesem Programm und – aller-
herzlichen Dank für das Gespräch.*

Dankeschön.

Anhang

Adolf-Reichwein-Schulen: Schulform und Adressen

Baden-Württemberg
Adolf-Reichwein-Schule, Grund- und Hauptschule, z. Hd. Herrn Rainer Walter, Buggingerstr. 83, 79114 Freiburg i. Br. (Tel.: 07 61/2 01 75 01 o. 2 01 77 25; Name seit 1967)

Bayern
Adolf-Reichwein-Schule, Mathematisch-naturwissenschaftliches Gymnasium Jahrgangsstufe 5 bis 10 – Realschule, z. Hd. Herrn Gerhardt Helgert, Rollnerstr. 185-187, 90425 Nürnberg, (Private Ersatzschule in gemeinnütziger, freier Trägerschaft, staatlich genehmigt; Tel.: 09 11/35 46 40 o. 35 25 40)

Berlin
Adolf-Reichwein-Schule, Schule für Lernbehinderte, z. Hd. Frau Doris Wissel, Elbestr. 11, 12045 Berlin-Neukölln (Tel.: 0 30/68 09 24 27)

Hessen
Adolf-Reichwein-Schule, Grund- und Hauptschule, Lenzenbergstr. 70, 65931 Frankfurt/M.-Zeilsheim (Tel.: 0 69/21 24 54 76)
Adolf-Reichwein-Schule, Grund-, Haupt- und Realschule, Saarstr. 7, 61169 Friedberg/Hessen (Tel.: 0 60 31/7 23 50)
Adolf-Reichwein-Schule, Haupt- und Realschule mit Förderstufe des Kreises Offenbach, z. Hd. Herrn Gerhard Länder, Leibnizstr. 61, 63150 Heusenstamm (Tel.: 0 61 04/23 15; Name seit 1965)
Adolf-Reichwein-Schule, Gymnasium, Leibnizstr. 34, 63150 Heusenstamm (Tel.: 0 61 04/9 62 30)
Adolf-Reichwein-Schule, Schulformbezogene Gesamtschule, Zimmerstr. 60, 63225 Langen (Tel.: 0 61 03/2 18 00)
Adolf-Reichwein-Schule, Allgemeine Gewerbliche und Berufsbildende Schule, Heinrich-von-Kleist-Straße, 65549 Limburg/Lahn (Tel.: 0 64 31/94 60 30)
Adolf-Reichwein-Schule, Städtische Gewerbliche Berufs- und Berufsfachschule, z. Hd. Herrn Herlein, Weintrautstr. 33, 35039 Marburg (Tel.: 0 64 21/16 97 70; Name seit 1962)
Adolf-Reichwein-Schule, Grundschule und Gesamtschule, z. Hd. Herrn W. Iser, Wiesenau 30, 61267 Neu-Anspach/Ts. (Tel.: 0 60 81/94 32 90 bzw. 94 31 90)
Adolf-Reichwein-Schule, Integrierte Gesamtschule des Landkreises Gießen, z. Hd. Herrn Otto Berndt, Fortweg 5, 35415 Pohlheim – Watzenborn-Steinberg (Tel.: 0 64 03/65 81 o. 6 16 54; Name seit 1972)
Adolf-Reichwein-Schule, Grundschule mit Förderstufe in Verbindung mit Haupt- und Realschule, Alzenauer Str. 25, 63517 Rodenbach (Tel.: 0 61 84/5 00 81)
Adolf-Reichwein-Schule, Grundschule, Trompeterstr. 51, 65207 Wiesbaden (Tel.: 06 11/5 45 56)

Niedersachsen
Adolf-Reichwein-Schule, Hauptschule, Uchteweg 26, 33689 Bielefeld-Sennestadt (Tel.: 05 21/51 55 34)

Adolf-Reichwein-Schule, Schulweg 14, 37083 Göttingen-Geismar (Tel. über Stadt-
verwaltung: 05 51/40 00)
Adolf-Reichwein-Schule, Grund- und Gemeinschaftsschule, Hackethalstr. 29-31,
30851 Langenhagen/Hannover (Tel.: 05 11/96 36 20; Name seit 1962)

Nordrhein-Westfalen
Adolf-Reichwein-Schule, Haupt- und Gemeinschaftsschule, Schmiedestr. 25,
40227 Düsseldorf (Tel.: 02 11/72 40 14)
Adolf-Reichwein-Schule, Grund- und Gemeinschaftsschule, Heßlerstr. 172, 45329
Essen-Altenessen (Tel.: 02 01/34 12 45)
Adolf-Reichwein-Schule, Hauptschule, Hochstr. 11, 57271 Hilchenbach-Dahl-
bruch (Tel.: 0 27 33/6 19 82)
Adolf-Reichwein-Schule, Grund- und Gemeinschaftsschule, z. Hd. Herrn Klaus
Hederich, Beethovenstr. 32-40, 40724 Hilden (Tel.: 0 21 03/4 62 15 o. 4 62 16;
Name seit 1967)
Adolf-Reichwein-Schule, Städtische Gesamtschule, z. Hd. Herrn Erwin Fortelka,
Eulenweg 2, 58507 Lüdenscheid (Tel.: 0 23 51/9 59 30)
Adolf-Reichwein-Schule, Grund- und Gemeinschaftsschule, Reichwein-Str. 2,
47441 Moers/Rhein (Tel.: 0 28 41/3 13 92)
Adolf-Reichwein-Schule, Städtische Realschule/Sekundarstufe I (ab Klasse 5 bis
10), z. Hd. Frau Backhaus, Am Stadion 11, 58453 Witten (Tel. 0 23 02/58 10;
Name seit 1965)

Rheinland-Pfalz
Adolf-Reichwein-Schule, Schule für Lernbehinderte, z. Hd. Herrn Helmut Marx,
Jahnstr. 8, 56130 Bad Ems (Allgemeinbildende, staatliche Schule, welche Kin-
der und Jugendliche mit einer Lernbehinderung aus den Gemeinden Nassau
und Bad Ems fördert; Tel.: 0 26 03/48 95; Name seit 1988)
Adolf-Reichwein-Studienseminar, Staatliches Studienseminar für das Lehramt an
Grund- und Hauptschulen, z. Hd. Herrn Ulrich Krämer, Breslauer Str. 1, 56457
Westerburg (Tel.: 0 26 63/32 75; Name seit 1993)

Sachsen-Anhalt
Adolf-Reichwein-Schule, Gymnasium, z. Hd. Herrn Manfred Prouza, Diester-
wegstr. 37, 06132 Halle/Saale (Tel./Fax: 03 45/4 44 18 24)
Landeskinder- und Jugendheim »Adolf Reichwein«, z. Hd. Herrn Karl-Wilhelm
Clodius, Schloss Pretzsch, 06909 Pretzsch/Elbe (Einrichtung des Landes Sachsen-Anhalt für Kinder und Jugendliche, die einer besonderen Hilfe zur Erziehung außerhalb ihrer Familie bedürfen; Tel.: 03 49 26/4 96; Name seit 1947)

Schleswig-Holstein
Adolf-Reichwein-Schule, Grund- und Hauptschule, Tiefe Allee 32, 24149 Kiel
(Tel.: 04 31/20 12 00)

Thüringen
Adolf-Reichwein-Schule, Gymnasium, Wöllnitzer Str. 1, 07749 Jena (Tel.:
0 36 41/39 48 41; Name seit Ende der 40er Jahre)

Auswahlbibliografie und Literatur

Abraham, Ulf: Vorstellungs-Bildung und Deutschunterricht. In: Praxis Deutsch. Zeitschrift für den Deutschunterricht, Jg. 26/1999, H. 154 (»Vorstellungsbildung«), S. 14-22

Adolf Reichwein: Ein Lebensbild aus Briefen und Dokumenten. Ausgewählt von Rosemarie Reichwein unter Mitwirkung von Hans Bohnenkamp, hrsg. und kommentiert von Ursula Schulz. München 1974

Adolf Reichwein: Ausgewählte Pädagogische Schriften. Besorgt von Herbert E. Ruppert und Horst E. Wittig. Paderborn 1978

Adolf Reichwein: Museumspädagogische Schriften. (= Schriften des Museums für Deutsche Volkskunde, Bd. 4). Berlin 1978

Adolf Reichwein: Schaffendes Schulvolk/Film in der Schule. Die Tiefenseer Schulschriften – Kommentierte Neuausgabe. Hrsg. v. Wolfgang Klafki, Ullrich Amlung, Hans Christoph Berg, Heinrich Lenzen, Peter Meyer und Wilhelm Wittenbruch. Weinheim u. Basel 1993

Amlung, Ullrich: Adolf Reichwein (1898-1944) – Eine Personalbibliographie. (= Schriften der Universitätsbibliothek Marburg; H. 54). Marburg 1991

Amlung, Ullrich/Matthias Hoch/Kurt Meinl/Lutz Münzer (Hrsg.):»Wir sind jung, und die Welt ist schön«. Mit Adolf Reichwein durch Skandinavien – Tagebuch einer Volkshochschulreise 1928. Jena und Weimar 1993

Amlung, Ullrich: Adolf Reichweins Alternativschulmodell Tiefensee 1933-1939. Ein reformpädagogisches Gegenkonzept zum NS-Erziehungssystem. In: Ullrich Amlung/Dietmar Haubfleisch/Jörg-W. Link/Hanno Schmitt (Hrsg.):»Die alte Schule überwinden«. Reformpädagogische Versuchsschulen zwischen Kaiserreich und Nationalsozialismus. (= Sozialhistorische Untersuchungen zur Reformpädagogik und Erwachsenenbildung; Bd. 15). Frankfurt/M. 1993, S. 268-288

Amlung, Ullrich:»Jungarbeitererziehung durch Auslandsreisen« – Die Skandinavienfahrt Jenaer Volkshochschüler unter der Leitung von Adolf Reichwein im Jahre 1928. In: Jahrbuch Arbeit, Bildung, Kultur. Bd. 14/1996, S. 123-140

Amlung, Ullrich: Adolf Reichweins klassischer Schulbericht»Schaffendes Schulvolk« (1937) und sein reformpädagogisches»Schulmodell Tiefensee«. In: Hermann Röhrs/Andreas Pehnke (Hrsg.): Die Reform des Bildungswesens im Ost-West-Dialog. Geschichte, Aufgaben, Probleme. (= Greifswalder Studien zur Erziehungswissenschaft; Bd. 1). 2. erw. Aufl., Frankfurt/M. u. a. 1998, S. 155-170

Amlung, Ullrich: Adolf Reichwein 1898-1944. Ein Lebensbild des Reformpädagogen, Volkskundlers und Widerstandskämpfers. Mit einem Vorwort von Wolfgang Klafki. 2., überarbeitete und aktualisierte Aufl., Frankfurt/M. 1999a

Amlung, Ullrich:»... in der Entscheidung gibt es keine Umwege«. Adolf Reichwein (1898-1944) – Reformpädagoge, Sozialist, Widerstandskämpfer. Mit einem Geleitwort von Hartmut Holzapfel. 2., verbesserte und erweiterte Aufl., Marburg 1999b

Bastian, Johannes: Freie Arbeit und Projektunterricht. Eine didaktische»Wiedervereinigung«. In: Pädagogik, Jg. 45/1993, H. 10, S. 6-8

Becker, Hellmut: Adolf Reichwein als politischer Pädagoge. In:»SCHAFFT EINE LEBENDIGE SCHULE« 1985, S. 14-23

Benner, Dietrich: Die Permanenz der Reformpädagogik. In: Tobias Rülcker/Jürgen Oelkers (Hrsg.): Politische Reformpädagogik. Bern u. a. 1998, S. 15-36

Berg, Hans Christoph: Den Bogen spannen mit Reichwein. In: Hans Christoph

Berg: Suchlinien: Studien zur Lehrkunst und Schulvielfalt. Neuwied, Kriftel, Berlin 1993, S. 153-164

Berg, Hans Christoph/Amlung, Ullrich: »... und Reichwein mittendrin«. Was sagen heutige Schulreformer zu Reichwein – was sagt Reichwein zu heutigen Schulreformern? In: Die Deutsche Schule, Jg. 80/1988, H. 3, S. 276-289

BILDUNGSKOMMISSION Nordrhein-Westfalen: Zukunft der Bildung – Schule der Zukunft. Neuwied 1995

Bodag, Joachim: Reichweins Medienpädagogik und die heutige Schule. In: *Reichwein, Roland* (Hrsg.) 1999, S. 107-117

Bohnenkamp, Hans: Gedanken an Adolf Reichwein. (= Pädagogische Studien. Schriftenreihe der Pädagogischen Hochschulen Niedersachsens, H. 1). Braunschweig, Berlin, Hamburg 1949

Ciupke, Paul: »Nicht das Dogma [...], sondern die kritisch durchdachte Lehre ist unser Gegenstand«. Der Beitrag Adolf Reichweins zu einer demokratischen und professionellen politischen Jugend- und Erwachsenenbildung. In: *Reichwein, Roland* (Hrsg.): »Wir sind die lebendige Brücke von gestern zu morgen« – Pädagogik und Politik im Leben und Werk Adolf Reichweins. Weinheim und München 1999, S. 81-106

Dewey, John/Kilpatrick, William Heard: Der Projektplan. Grundlegung und Praxis. Hrsg. v. Peter Petersen. Weimar 1935

Dewey, John: Die Suche nach Gewißheit. Eine Untersuchung des Verhältnisses von Erkenntnis und Handeln. Frankfurt/M. 1998

Doering, H./Hirschauer, S.: Die Biographie der Dinge. Eine Ethnographie musealer Repräsentation. In: Hirschauer, S./Amann, K. (Hrsg.): Die Befremdung der eigenen Kultur. Zur ethnographischen Herausforderung soziologischer Empirie. Frankfurt/M. 1993

Flitner, Andreas: Kinder aus ihrer Nutzlosigkeit befreien. Ein Erzieher im Widerstand – vor hundert Jahren wurde der Reformpädagoge Adolf Reichwein geboren. In: Süddeutsche Zeitung. Feuilleton-Beilage vom 2./3. Oktober 1998

Fricke, Klaus: Die Pädagogik Adolf Reichweins. Ihre systematische Grundlegung und praktische Verwirklichung als Sozialerziehung. Bern u. Frankfurt/M. 1974

Fricke, Klaus: Zur Museumspädagogik Adolf Reichweins. Ein Beitrag über die pädagogischen Möglichkeiten des Museums für eine ästhetische Erziehung. In: Pädagogik und Schule in Ost und West, H. 1, 1976, S. 1-9

Fricke, Klaus: Adolf Reichwein. Ein Wegbereiter der modernen Erlebnispädagogik? (»Wegbereiter der modernen Erlebnispädagogik«. H. 11). Lüneburg 1988

Friedenthal-Haase, Martha (Hrsg.): Adolf Reichwein – Widerstandskämpfer und Pädagoge. Gedenkveranstaltung an der Friedrich-Schiller-Universität Jena, 15. Oktober 1998. Mit Abbildungen und einem Jenaer Dokumentenanhang. Collegium Europaeum Jenense. Erlangen u. Jena 1999

Gentsch, Dirk: Adolf Reichwein (1898-1944) – Pädagoge und antifaschistischer Widerstandskämpfer. Eine politische Biographie. Pädagogische Hochschule »Karl Liebknecht« Potsdam (Historisch-philologische Fakultät): Diss. phil., 1985

Göhlich, Michael (Hrsg.): Offener Unterricht, Community Education, Alternativschulpädagogik, Reggiopädagogik. Die neuen Reformpädagogiken. Geschichte, Konzeption, Praxis. Weinheim 1997

Göhlich, Michael: Neue Reformpädagogiken versus klassische Reformpädagogiken. Gemeinsamkeiten und Unterschiede, Verbindungen und Brüche. In: Tobias Rülcker/Jürgen Oelkers (Hrsg.): Politische Reformpädagogik. Bern u. a. 1998, S. 85-106

Haase, Otto: Gesamtunterricht, Training und Vorhaben – drei Elementarformen des Volksschulunterrichts. In: Die Volksschule, Jg. 28/1932, S. 727-733

Haubfleisch, Dietmar: Reformpädagogik. In: Rudolf W. Keck/Uwe Sandfuchs (Hrsg.): Wörterbuch Schulpädagogik. Bad Heilbrunn 1994, S. 257 f.

Hentig, Hartmut von: Bildung. München 1996

Hohendorf, Gerd: Adolf Reichwein (1898-1944). In: Antifaschistische Lehrer im Widerstandskampf. Berlin (DDR) 1967, S. 54-94

Hohendorf, Gerd: Adolf Reichwein – Schulreformer und Widerstandskämpfer. In: Ruth Hohendorf/Gerd Hohendorf: Diesterweg verpflichtet. Beiträge zur deutschen Bildungsgeschichte. Köln u. a. 1994, S. 270-298

Holoubek, Helmut: »Irgendwas liegt in der Luft«. Vorstellungsbildung durch und mit Musik. In: Praxis Deutsch. Zeitschrift für den Deutschunterricht, Jg. 26/1999, H. 154 (»Vorstellungsbildung«), S. 41-46

Holzapfel, Hartmut: Rede über die Aktualität von Adolf Reichweins »Schaffendes Schulvolk«. In: Reichwein, Roland (Hrsg.) 1999, S. 63-79

Huang, Dong: Tao Xingzhi (1891-1946) und Adolf Reichwein (1898-1944) – Zwei Reformpädagogen im Vergleich. Hamburg 1999

Huber, Wilfried: Adolf Reichwein und das Erziehungsdenken im Deutschen Widerstand. In: Hamburger mittel- und ostdeutsche Forschungen (Hamburg), Bd. 7/1970, S. 67-128

Huber, Wilfried/Krebs, Albert (Hrsg.): Adolf Reichwein 1898-1944. Erinnerungen, Forschungen, Impulse. Paderborn u. a. 1981

Huber, Wilfried: Museumspädagogik und Widerstand 1939-1944. Zum bildungspolitischen Aspekt im Leben von Adolf Reichwein. In: Huber, Wilfried/Krebs, Albert (Hrsg.) 1981, S. 303-377

Huber, Wilfried: Adolf Reichwein – Pädagoge im Widerstand. In: »SCHAFFT EINE LEBENDIGE SCHULE« 1985, S. 126-144

Huber, Wilfried: Sozialerzieherische Aspekte in der Pädagogik Adolf Reichweins: Fallbeispiele und ihre systematischen Dimensionen. In: Rudolf Biermann/Wilhelm Wittenbruch (Hrsg.): Soziale Erziehung: Orientierung für pädagogische Handlungsfelder. Heinsberg 1986, S. 93-106

Huber, Wilfried: Die Perversion reformpädagogischer Begriffe im Nationalsozialismus – unter Berücksichtigung der Sprache von Adolf Reichwein. In: Christian Salzmann (Hrsg.): Die Sprache der Reformpädagogik als Problem ihrer Reaktualisierung – Dargestellt am Beispiel von Peter Petersen und Adolf Reichwein (Zusammenfassender Bericht über das gleichnamige wissenschaftliche Symposion vom 16.-17. November 1984 an der Universität Osnabrück). Heinsberg 1987, S. 285-354

Hüther, Jürgen (Hrsg.): »Vom Schauen zum Gestalten« – Adolf Reichweins Medienpädagogik. München 2000

Jürgens, Eiko: Die ›neue‹ Reformpädagogik und die Bewegung Offener Unterricht. Theorie, Praxis und Forschungslage. 4., erw. Aufl. Sankt Augustin 1998

Kasper, Hildegard/Müller-Naendrup, Barbara: Lernwerkstätten – die Idee – die Orte – die Prozesse. In: Grundschule, Jg. 24/1992, H. 6, S. 8-11

Kassner, Peter: Widerstand im Dritten Reich: Der Pädagoge Adolf Reichwein. In: Die Deutsche Schule, Jg. 86/1994, H. 4, S. 388-405

Klafki, Wolfgang/Müller, Helmut-Gerhard: Elisabeth Blochmann (1892-1972). Marburg 1992

Klafki, Wolfgang: Geleitwort. In: Adolf Reichwein: Schaffendes Schulvolk – Film in der Schule. Die Tiefenseer Schulschriften – Kommentierte Neuausgabe. Hrsg. v. Wolfgang Klafki, Ullrich Amlung, Hans Christoph Berg, Heinrich

Lenzen, Peter Meyer und Wilhelm Wittenbruch. Weinheim u. Basel 1993, S. 7-13

Klafki, Wolfgang: Eine neue Allgemeinbildung für alle – Die Zukunft der Bildungsidee. In: Akademie der Politischen Bildung (Hrsg.): Bildung 2000. Bildungspolitischer Kongress der Friedrich-Ebert-Stiftung am 10./11. September 1993 in Bonn. Bonn 1993, S. 16-30

Klafki, Wolfgang: Adolf Reichwein: Bildung und Politik. In: Friedenthal-Haase, Martha (Hrsg.) 1999, S. 53-80

Koerrenz, Ralf: Maßstäbe pädagogischer Reformen – Strukturelle Perspektiven. In: Thilo Fitzner/Werner Stark/Christoph Schubert (Hrsg.): Summerhill und danach: Ein neuer Start in die Reformpädagogik. Bad Boll 1995, S. 211-219

Kohls, Eckhard: Lernwerkstatt: Fortbildung und Ausbildung unter einem Dach. In: Grundschule, Jg. 24/1992, H. 6, S. 31-37

Koppmann, Jörn: Adolf Reichweins Reformpädagogik. Neuwied, Kriftel, Berlin 1998

Krauth, Gerhard: Das »Vorhaben« bei Adolf Reichwein. In: Gerhard Krauth: Leben, Arbeit und Projekt. Frankfurt/M. 1985, S. 174-220

Kunz, Lothar (Hrsg.): Adolf Reichwein (1898-1944). Oldenburg 1997

Laging, Ralf: Bewegungsvorhaben [am Beispiel Adolf Reichweins]. In: Sportpädagogik. Zeitschrift für Sport, Spiel und Bewegungserziehung, Jg. 20/1996, H. 6, S. 15-27

Lambrich, Dieter/Daumen, Cäcilie: Lernwerkstätten in Rheinland-Pfalz. In: Ernst, Karin/Wedekind, Hartmut (Hrsg.): Lernwerkstätten in der BRD und Österreich. Frankfurt/M. 1993, S. 135-144

LEHRPLAN Deutsch (Klassen 5-9/10). Hrsg. vom Ministerium für Bildung, Wissenschaft und Weiterbildung. Grünstadt 1998

Lingelbach, Karl Christoph: Adolf Reichweins Schulmodell Tiefensee. In: Demokratische Erziehung, Jg. 6/1980, S. 391-397

Lingelbach, Karl Christoph: Adolf Reichweins Schulpädagogik und die Schwierigkeiten ihrer Rezeption in der Gegenwart. In: Pädagogik und Schulalltag, Jg. 50/1995, H. 2, S. 189-195

Lingelbach, Karl Christoph: Annäherung an Adolf Reichweins Schulpädagogik in der Lehrerbildung. In: Roland Reichwein (Hrsg.): Ein Pädagoge im Widerstand. Erinnerungen an Adolf Reichwein zum 50. Todestag. Weinheim/München 1996, S. 136-146

Lingelbach, Karl Christoph: Schulwohnstube oder weltoffene Schulwerkstatt? Zur Diskussion der Schulmodelle Peter Petersens und Adolf Reichweins. In: Pädagogik und Schulalltag, Jg. 52/1997, S. 166-178

Lingelbach, Karl Christoph: Vom laufenden Band der Geschichte. Zum verborgenen Lehrplan in Reichweins Schulmodell Tiefensee. In: Jahrbuch für Pädagogik 1997: Mündigkeit – Zur Neufassung materialistischer Pädagogik. Redaktion: Hans-Jochen Gamm/Gernot Koneffke. Frankfurt/M. u. a. 1997, S. 219-230

Lingelbach, Karl Christoph: Adolf Reichweins politische Auffassungen und das Schulmodell Tiefensee. In: Tobias Rülcker/Jürgen Oelkers (Hrsg.): Politische Reformpädagogik. Bern u. a. 1998, S. 541-562

Lingelbach, Karl Christoph: Zum Orientierungswert des Schulmodells Tiefensee für schulinterne Reformen der Gegenwart. In: Reichwein, Roland (Hrsg.) 1999, S. 49-61

Litt, Theodor: ›Führen‹ oder ›Wachsenlassen‹. Eine Erörterung des pädagogischen Grundproblems. Leipzig und Berlin 1927

Ludwig, Harald: Neue Impulse in Adolf Reichweins Schulmodell in Tiefensee. In: Harald Ludwig: Entstehung und Entwicklung der modernen Ganztagsschule in Deutschland. (= Studien und Dokumentationen zur deutschen Bildungsgeschichte; Bd. 51). Köln, Weimar, Wien 1993

Lütgert, Will: Adolf Reichwein und der Gedanke der Schulentwicklung. In: Martha Friedenthal-Haase (Hrsg.): Adolf Reichwein – Widerstandskämpfer und Pädagoge. Gedenkveranstaltung an der Friedrich-Schiller-Universität Jena, 15. Oktober 1998. Erlangen u. Jena 1999, S. 81-93

MATERIALPAKET »ran ans radio«. Landesmedienzentrum Rheinland-Pfalz. Koblenz-Ehrenbreitstein o. J.

Mattenklott, Gundel: Aspekte ästhetischer Erziehung im Werk Adolf Reichweins. Ein Pädagoge zwischen Avantgarde und Regression. In: Kunz, Lothar (Hrsg.): Adolf Reichwein (1898-1944). Oldenburg 1997, S. 35-53

Mayrhofer, Hans/Zacharias, Wolfgang: Aneignung vergangener Wirklichkeit: Historisches Lernen und Ästhetische Aktivität. In: Kuhn, Annette/Schneider, Gerhard (Hrsg.): Geschichte lernen im Museum. Düsseldorf 1978, S. 158-200

MEDIENERZIEHUNG in der Schule. Materialien zur Bildungsplanung und zur Forschungsförderung, H. 44, Hrsg. von der Bund-Länder-Kommission für Bildungsplanung und Forschungsförderung, Bonn 1995

Meier, Richard: Werkstattlernen. In: Grundschulunterricht, Jg. 43/1996, S. 33-36

Meyer, Peter: Adolf Reichwein und die Schule heute. (= Lesehefte zur Jenaplanpädagogik. Herausgegeben vom Arbeitskreis Peter Petersen e.V., H. 6). Heinsberg 1988

Mitzlaff, Hartmut: Heimatkunde und Sachunterricht. Universität Dortmund: Diss. phil., 1985

Negt, Oskar: Kindheit und Schule in einer Welt der Umbrüche. Göttingen 1997

Pallasch, Waldemar/Reimers, Heino: Pädagogische Werkstattarbeit. Eine pädagogisch-didaktische Konzeption zur Belebung der traditionellen Lernkultur. 2. Aufl. Weinheim, München 1997

Pallat, Gabriele C./Roland Reichwein/Lothar Kunz (Hrsg.): Adolf Reichwein: Pädagoge und Widerstandskämpfer. Ein Lebensbild in Briefen und Dokumenten (1914-1944). Mit einer Einführung von Peter Steinbach. Paderborn 1999

Pehnke, Andreas: Wider den Reformstau in den neuen Bundesländern. Zu Modernisierungseffekten von Reform- und Alternativschulen für das Regelschulwesen. In: Andreas Pehnke (Hrsg.): Einblicke in reformorientierte Schulpraxis der neuen Bundesländer. Frankfurt/M. u. a. 1996, S. 21-40

Pehnke, Andreas: Reform- und Alternativschulen als Impulsgeber für das Regelschulwesen. In: Hermann Röhrs/Andreas Pehnke (Hrsg.): Die Reform des Bildungswesens im Ost-West-Dialog. Geschichte, Aufgaben, Probleme. 2. erw. Aufl. Frankfurt/M. u. a. 1998, S. 333-343

Popp, Walter: Adolf Reichweins Schule in Tiefensee: Beispiel einer lernfähigen Schule. In: *Huber, Wilfried/Krebs, Albert* 1981, S. 125-136

PRAXIS Deutsch. Zeitschrift für den Deutschunterricht, Jg. 26/1999, H. 153 (»Medien im Deutschunterricht«)

Ramseger, Jörg: Geschichte und Gegenwart: Grundlegung von Bildung gestern, heute, morgen. In: Grundlegung von Bildung in der Grundschule heute. Potsdam 1997

Regenthal, Gerhard: Corporate Identity in Schulen. Neuwied 1999

Reichen, Jürgen: Sachunterricht und Sachbegegnung. Hamburg 1991

Reichwein, Adolf: Die Rohstoffwirtschaft der Erde. Jena 1928

Reichwein, Adolf: Schaffendes Schulvolk. Stuttgart und Berlin 1937

Reichwein, Adolf: Film in der Landschule. Vom Schauen zum Gestalten. (= Schriftenreihe der Reichsstelle für den Unterrichtsfilm; H. 10). Stuttgart u. Berlin 1938

Reichwein, Adolf: Schaffendes Schulvolk. In: Die deutsche Volksschule, Jg. 1/1939, S. 214-222

Reichwein, Adolf: Schaffendes Schulvolk. 3. Aufl., Braunschweig 1964

Reichwein, Adolf: Schule und Museum (1941). In: Ruppert, Herbert E./Wittig, Horst E. (Bearb.): Adolf Reichwein. Ausgewählte pädagogische Schriften. Paderborn 1978, S. 157-167

Reichwein, Roland: Zur Aktualität Adolf Reichweins. In:»SCHAFFT EINE LEBENDIGE SCHULE« 1985, S. 87-98

Reichwein, Roland (Hrsg.): Ein Pädagoge im Widerstand. Erinnerungen an Adolf Reichwein zum 50. Todestag. Weinheim/München 1996

Reichwein, Roland (Hrsg.):»Wir sind die lebendige Brücke von gestern zu morgen« – Pädagogik und Politik im Leben und Werk Adolf Reichweins. Weinheim u. München 1999

Reichwein, Rosemarie:»Die Jahre mit Adolf Reichwein prägten mein Leben«. Ein Buch der Erinnerung. Herausgegeben und mit Beiträgen versehen von Lothar Kunz und Sabine Reichwein. München 1999

Rüttenauer, Isabella: Brennpunkt Tiefensee. In: Pädagogik und Schule in Ost und West, Jg. 15/1967, S. 348-352

Salzmann, Christian (Hrsg.): Pädagogik und Widerstand. Pädagogik und Politik im Leben von Adolf Reichwein. (= Schriftenreihe des Fachbereichs 3 der Universität Osnabrück, Sonderheft). Osnabrück 1984

»SCHAFFT EINE LEBENDIGE SCHULE«: Adolf Reichwein (1898-1944). Dokumentation und Materialien einer Veranstaltung der Gewerkschaft Erziehung und Wissenschaft zum 40. Todestag von Adolf Reichwein in Bodenrod (Butzbach), Taunus. (= Max-Traeger-Stiftung; Bd.18). Heidelberg 1985

Schernikau, Heinz: Adolf Reichwein – Der deutsche Sozialismus und der Vorhabenunterricht. In: Schernikau, Heinz (Hrsg.): Reformpädagogik und Gesellschaftskritik – Was bleibt vom (freiheitlichen) Sozialismus? (= Dokumentation Erziehungswissenschaft – Schriften aus dem Fachbereich 06 der Universität Hamburg, H. 5). Hamburg 1993, S. 135-146

Schönknecht, Gudrun: Die Lernwerkstatt. Ein neuer Lernort für Lehrerinnen und Lehrer. In: Pädagogische Welt, Jg. 47/1993, H. 1, S. 34-37

Schulz, Ursula (Hrsg.): Adolf Reichwein. Ein Lebensbild aus Briefen und Dokumenten. Ausgewählt von Rosemarie Reichwein unter Mitwirkung von Hans Bohnenkamp. München 1974

Siemsen, Barbara:»In der Entscheidung gibt es keine Umwege«. Zwei Pädagogen reagieren auf ihre Amtsenthebung 1933: Erich Weniger und Adolf Reichwein. In: Die Deutsche Schule, Jg. 89/1997, H. 2, S. 137-157

Spinner, Kaspar H.: Zuhören: Ein Alltagsproblem in der Schule. In: Praxis Deutsch. Zeitschrift für den Deutschunterricht, Jg. 15/1988, H. 88 (»Hören und Zuhören«), S. 16-17

Steinbach, Peter: Für die Selbsterneuerung der Menschheit. Zum einhundertsten Geburtstag des sozialdemokratischen Widerstandskämpfers Adolf Reichwein. (= Gesprächskreis Geschichte der Friedrich-Ebert-Stiftung, H. 21). Bonn 1998

Ullrich, Heiner: Ursprungsdenken vom Kinde aus – Über die widersprüchliche Modernität des reformpädagogischen Grundmotivs. In: Tobias Rülcker/Jürgen Oelkers (Hrsg.): Politische Reformpädagogik. Bern u. a. 1998, S. 241-260

Vogt, Barbara: Seife. In: Kunst + Unterricht, H. 219/1988, S. 10

Weber, Anders: Was ist Werkstattunterricht. Mülheim 1998

Wiechmann, Jürgen: Das Schaffende Schulvolk Adolf Reichweins. Ein vernachlässigtes Modell der Reformpädagogik. In: Die Deutsche Schule, Jg. 90/1998, H. 4, S. 401-412

Wilhelmi, Jutta: Adolf Reichwein – In der Entscheidung gibt es keine Umwege. In: Erziehung und Wissenschaft, Jg. 46/1994, H. 2, S. 44

Wilhelmi, Jutta: Lernen durch Erfahrung. Sich einlassen auf alltägliche Situationen. Die Autonomie von Schule stärken. Der große Adolf Reichwein: Wichtige Stationen, die seine Lebensmaximen prägten, bis die Nazis den gerade 46jährigen hinrichteten. In: Deutsche Lehrerzeitung, Jg. 41/1994, H. 43, S. 6

Wittenbruch, Wilhelm: Lernwerkstätten: Die Grundschule braucht lernende Lehrerinnen und Lehrer! In: Grundschule, Jg. 24/1992, H. 6, S. 15-18

Wittenbruch, Wilhelm/Meyer, Peter: Vorhaben als ›Weg der Erziehung‹. In: Adolf Reichwein: Schaffendes Schulvolk/Film in der Schule. Die Tiefenseer Schulschriften – Kommentierte Neuausgabe. Hrsg. v. Wolfgang Klafki, Ullrich Amlung, Hans Christoph Berg, Heinrich Lenzen, Peter Meyer und Wilhelm Wittenbruch. Weinheim u. Basel 1993, S. 338-356

Wunder, Dieter: Adolf Reichwein – Die aktuelle Bedeutung seiner Pädagogik und seiner politischen Arbeit. In:»SCHAFFT EINE LEBENDIGE SCHULE« 1985, S. 32-39

Wunder, Dieter: Adolf Reichwein – Pädagogik aus politischer Absicht. In: Die Deutsche Schule, Jg. 91/1999, H. 3, S. 282-298

Zeidler, Kurt: Die Wiederentdeckung der Grenze. Jena 1925

Filmdokumente über Adolf Reichwein:

»Adolf Reichwein 1898-1944«. DDR-Fernsehfilm 1988. Regie: Hans Bentzien. (Erstsendung am 20. Juli 1988; 60 Min.)

»Der Mut des Fliegers« – Adolf Reichwein. Ein Pädagoge im Widerstand. Ein Dokumentarfilm von Wolfgang Brenner und Karl Hermann. Känguruh-Film, Berlin. Im Auftrag des SFB/HR/WDR. (Erstsendung am 30. September 1998; 45 Min.)

Bildvorlagen

Abb. 1, S. 6: Adolf-Reichwein-Archiv, Bibliothek für Bildungsgeschichtliche Forschung in Berlin (Abb. 1-7)
Abb. 2, S. 8
Abb. 3, S. 10
Abb. 4, S. 13
Abb. 5, S. 17
Abb. 6, S. 17
Abb. 7, S. 20
Abb. 8, S. 53: Beate Horn
Abb. 9, S. 53: Beate Horn
Abb. 10, S. 87: Rainer Kalb

Abb. 11, S. 87: Rainer Kalb
Abb. 12, S. 88: Rainer Kalb
Abb. 13, S. 88: Rainer Kalb

Adolf-Reichwein-Verein e.v.; gegründet 1982; Sitz ist Marburg; Aufgaben: Verwaltung des Archivs, Pflege des geistigen Erbes seines Namensgebers, Förderung der Adolf Reichwein gewidmeten Forschung, Betreuung zweier Wanderausstellungen; Adresse: Prof. Dr. Joachim Bodag, Vinetastr. 12, 13189 Berlin.
Adolf-Reichwein-Verein e.v.; gegründet 1982; Sitz ist Osnabrück; gedacht als tragendes Strukturmittel zur Realisierung gesellschaftspolitischer Aktivitäten im Bildungsbereich; Mitglieder stehen zumeist der Erwachsenenbildung nahe; Kontaktadresse: Volkshochschule Osnabrück, z. Hd. Herrn Wolfgang Wöstmann, Bergstr. 8, 49076 Osnabrück.

STUDIENTEXTE FÜR DAS LEHRAMT

Karl Aschersleben
Frontalunterricht – klassisch und modern
Studientexte für das Lehramt, Band 1
ISBN 3-472-03394-0, 24,80 DM

Jürgen Bennack
Schulproblem Erziehung
Studientexte für das Lehramt, Band 2
ISBN 3-472-03975-2, 24,80 DM

Uli Amlung/Ullrich Jungbluth
Seminarwerkstatt offener Unterricht
Studientexte für das Lehramt, Band 3
ISBN 3-472-03977-9, 24,80 DM

Wilhelm Topsch
Leitfaden Examensarbeit
Studientexte für das Lehramt, Band 4
ISBN 3-472-03990-6, ca. 24,80 DM

Folgende Publikationen sind in Vorbereitung:

Arnulf Hopf
Lebensprobleme – Lernprobleme
Studientexte für das Lehramt, Band 6
ISBN 3-472-03991-4, ca. 24,80 DM

Rainer Lersch
Integrative Pädagogik
Studientexte für das Lehramt, Band 7
ISBN 3-472-03974-4, ca. 24,80 DM

Eiko Jürgens/Werner Sacher
Leistungserziehung – Leistungsbeurteilung
Studientexte für das Lehramt, Band 5
ISBN 3-472-03973-6, ca. 24,80 DM

Karl-Heinz Arnold/Eiko Jürgens
Schülerbeurteilung ohne Zensuren
Studientexte für das Lehramt, Band 8
ISBN 3-472-02976-0, ca. 24,80 DM